代々木ゼミナール講師
松尾康徳

教養としての〈情報Ⅰ〉

大学入試導入で変わる
ITリテラシーの基準

技術評論社

はじめに

　おそらくこの本を手に取った方の多くは、

「高校に『情報』なんて教科あったっけ？」

「大学入試で課すような教科なの？」

　のどちらかを思われた方ではないでしょうか。

　前者は40代以上の方ではないかと推測します。無理もありません、普通科高校で「情報」という教科がスタートしたのは2003年です。それ以前に普通科高校をご卒業されたならば、在校中に学んだ経験はないはずです。「情報」という教科になじみがないのも当然と言えます。

　30代以下で高校時代に「情報」の授業を受けた方でも、それが入試科目というと違和感をおぼえるかもしれません。2021年度までの「情報」は高校3年間の間で1年間だけ、英語など主要教科の合間に細々と行われる教科でした。授業でパソコンを使っていたことぐらいしか印象がないのが実際のところではないでしょうか。

　そんな教科がなぜ、2025年から大学入試に導入されることになったのか。それも多くの大学が入試に課す「大学入学共通テスト」に加えられ、ほとんどの国立大学が必須科目に指定したのはなぜなのか。

　もちろんそこにはちゃんとした理由があります。それは本書の中で説明していきますが、目次を見れば現在ビジネスの最前線に立ってご活躍中の方には、思い当たるものがあるはずです。実は「情報」はビジネスの世界と関係が深い教科なのです。

「情報」を高校で学んでいない、あるいは従来型の「情報」の授業を受けたビジネスパーソンの多くは、ビジネスの世界に必要な「情報」の知識を、働きながら学んできたと思います。一方で2025年3月以降に高校を卒業する世代からは、「情報」を高校卒業時点で身につけてきます。皆様が社会に入ってから仕事を通して身につけてきた知識を、彼らはあらかじめ習得したうえで社会に入ってくるというわけです。しかも多くは大学入試という

大きな理解度チェックのイベントを経て来るので、その知識レベルは一定以上あることが担保されていると言えます。

　彼らを迎える側のビジネスパーソンにとっては、このような背景を念頭に置かなくてはなりません。新人教育など人材育成のやり方も変えていく必要もあるでしょう。あらゆる業界で人手不足が進んで採用活動が困難になっていく中、せっかく採用しても早々に離職されないようにするためにも、彼らが持つスキルを正しく評価してあげることは重要です。

　正直な話、高校の「情報」の内容は、皆様が想像しているレベルよりもかなり高いものです。IT関連企業の新人技術者研修で教えるような内容も含まれており、完璧に理解したなら、ITエンジニアの国家資格試験にもエントリーレベルなら合格できるかもしれません。普通に仕事でコンピュータを使いこなしている大人でも、知らないことは少なくないはずです。

　本書は、「情報」に関してそうしたハイレベルな教育を受けてくる世代と今後付き合うために、彼らが具体的にどのようなことを学んでくるのかを知っていただきながら、知識を整理していただくことを狙いとしています。まず序章として、「情報」という教科がどういう内容で、どのような経緯を経て大学入試に課されるようにまでなったのか、その理由を社会的な背景も交えながらご説明します。

　その後第1章からは、4つの章に分けて「情報」の内容をご紹介していきます。その中には、特に皆さんの関心の高いと思われる「プログラミング」も含みます。また「データ活用」は、ビジネスの世界でマーケティングや商品開発などに関わっている方は、何らかの形で関わっていると思います。その手法を今は高校で教えていることに少し驚かれるかもしれません。

　この本が、「情報」を大学入試科目として経験してきた世代と読者の良好な関係を築く一助となることを願ってやみません。

Contents

第 1 章 　情報社会の問題解決

第 **2** 章 コミュニケーションと 情報デザイン

第 **3** 章 コンピュータと プログラミング

第4章 情報通信ネットワークとデータの活用

序章

「情報」はこんな教科

学習指導要領に見る「情報」

情報は2022年度から今のスタイルに

そもそも高校の「情報」とはどんな教科なのでしょうか。

現在の情報科は、2022年度入学の高校生から実施された「学習指導要領」に基づいています。学習指導要領は教育内容の水準確保のために文部科学省が定義している基準です。約10年に一度のペースで改訂されており、現在の学習指導要領は2018年に告示されたもので、周知や移行期間を経て2022年度から実施されています。この改訂ではいくつかの教科で科目構成の再編などが行われました。その教科の一つが「情報」です。

教科としての情報には、普通科高校向けの共通教科情報科と、商業高校や工業高校など専門高校向けの専門教科情報科があります。共通教科情報科は2022年度から、全生徒が履修する科目の「情報Ⅰ」と選択科目の「情報Ⅱ」に再編されました。2025年度の大学入学共通テストから導入される情報はこのうちの「情報Ⅰ」です。以後は基本的にこの情報Ⅰに絞って話を進めていきます。

情報Ⅰを定めた学習指導要領

学習指導要領では情報Ⅰの目標を下記のように示しています。

情報に関する科学的な見方・考え方を働かせ，情報技術を活用して問題の発見・解決を行う学習活動を通して，問題の発見・解決に向けて情報と情報技術を適切かつ効果的に活用し，情報社会に主体的に参画するための資質・能力を次のとおり育成することを目指す。

(1) 効果的なコミュニケーションの実現，コンピュータやデータの活用について理解を深め技能を習得するとともに，情報社会と人との関わりについて理解を深めるようにする。

(2) 様々な事象を情報とその結び付きとして捉え，問題の発見・解決に向けて情報と情報技術を適切かつ効果的に活用する力を養う。

(3) 情報と情報技術を適切に活用するとともに，情報社会に主体的に参画する態度を養う。

　ポイントは、この中に何度も登場する**「問題の発見・解決」**という言葉です。少子高齢化、地球温暖化、経済格差などさまざまな社会問題が顕在化している中、それらの問題を解決することを他人任せにせず、自らが先頭に立って解決に挑む人材を育成しようとしているのです。

　問題を解決するうえでは、客観的なデータによる現状把握とそれを駆使した解決策の立案が必要です。そこでデータの計算に長けたコンピュータや、データを容易に集められるインターネットなどの情報技術を活用できる能力を、情報Iという科目を通して身につけさせようとしています。

情報Iを構成する4つの柱

　情報Iの具体的な内容について、学習指導要領では以下の4つの柱を掲げています。

1. 情報社会の問題解決
2. コミュニケーションと情報デザイン
3. コンピュータとプログラミング
4. 情報通信ネットワークとデータの活用

　情報Iの教科書も基本的にこの構成に沿っているものが多く、そのまま4つの章に仕立てているものもあれば、さらに一部を細分化して5～6章立てにしているものもあります。

　　1の「情報社会の問題解決」は、目的に応じた問題の発見・解決の方法、情報に関連した法規や制度、セキュリティや情報モラルの重要性、情報技術が人や社会に与える役割や影響などを学ぶ内容と定義されています。具体的には、

- 問題解決の典型的なアプローチ
- 知的財産権や個人情報の保護
- サイバー犯罪の手口

　などの内容を含みます。コンピュータを活用した情報技術の社会に参画するうえで留意すべきことが盛り込まれています。

　　2の「コミュニケーションと情報デザイン」は、目的や状況に応じて受け手に情報を分かりやすく届ける手法や、それぞれの手法が持つ特性を学ぶ内容です。

- コミュニケーションの手段や形態ごとの長所と短所
- 情報の効果的な表現方法
- 情報技術を活用するうえで不可欠なデジタルによる情報表現の特性

　などが盛り込まれています。

　　3の「コンピュータとプログラミング」は、コンピュータによる情報処理の仕組みを理解し、プログラミングやシミュレーションで問題解決を目指す内容です。

- コンピュータを構成するハードやソフトの特徴
- コンピュータが情報を処理するときの手順とそれをプログラムで実行する方法
- シミュレーションに必要なモデル化や結果の評価方法

　などが主なテーマです。

4 の「情報通信ネットワークとデータの活用」は、問題解決に必要なデータを入手するためのネットワークの仕組みや構成要素を学ぶとともに、データから新たな知見を得るための分析や評価の手法を学ぶ内容です。

- インターネットを本格的に活用するうえで知っておくべき知識
- インターネットで流通するデータの活用方法
- 分析のための計算方法

などの内容で構成されています。

これらを、2022年以降高校に入学した生徒たちは学んでいます。2025年は最初に学んだ学年が卒業し大学入試に挑む年であるため、2025年 1 月の大学入学共通テストから導入されることになりました。

情報 I の内容に対する誤解

こういう情報 I の内容を見て、「自分が想像していたのと違っていた」と思われた方もいるのではないでしょうか。確かに情報 I の内容は、誤解されていることが少なくありません。

一つは「情報 I = プログラミング」という誤解です。確かにプログラミングは情報 I の目玉とも言える内容であり、情報技術の世界を象徴するテーマです。2025年度から始まる大学入学共通テストでも出題されることが確実で、配点も高くなりそうなため、その理解がテストの結果を左右するようになります。

しかし「情報 I = プログラミング」というのは言い過ぎであり、プログラミングは情報 I の一部にしか過ぎません。情報 I の狙いは前述のように「問題の発見・解決」ができる人材を育てることであり、プログラミングはその解決手段の一つです。プログラミングは問題解決以外にも論理的思考力の習得に効果があるとされますが、情報 I の中ではプログラミングがメインテーマというわけではないのです。

もう一つの誤解は「情報 I = PC の使い方を学ぶもの」という誤解です。

情報技術を活用するうえでPCの基本的なアプリケーションやキーボードの使い方を学ぶ必要はありますが、今ではこれらの内容は主に小学校や中学校で行われています。もちろん小中学校でこれらを十分習得することは難しいので、高校の情報Ⅰの中で扱うこともありますが、その場合も「問題の発見・解決」という目的のもとで使いながら身につけるものであり、使い方を学ぶことが授業の目的にはなっていません。

特に後者の誤解は、「なぜ大学入学共通テストに取り入れられるようになったのか」という疑問につながることがあります。それを理解していただくには、「情報」という教科のこれまでの経緯を知っていただく必要があると思います。

0-2

"付け焼き刃"で始まった情報

初めての教科を誰が教えるのか

　普通科高校で「情報」という教科がスタートしたのは2003年です。しかし実際には、1980年代半ばには政府の臨時教育審議会で高校での情報教育の必要性が答申されるなど、40年近く前からその必要性は認識されていました。当初は既存教科の授業の中でコンピュータ活用が行われる程度で、実際に単独の教科としての「情報」設置が決まったのは1999年の学習指導要領改訂です。「情報社会に主体的に対応する能力」の必要性が指摘され、周知期間を経て2003年から必修の教科として導入された「情報」は、当時は「情報Ａ」「情報Ｂ」「情報Ｃ」という３つの科目を用意し、理科や社会のように生徒がいずれか一つを選択して履修することになっていました。

　しかし実施するにあたって大きな問題となったのが、「誰が教えるのか」という点です。情報という教科がそれまでなかったのですから、情報の教員がいるはずもありません。大学に情報の教員養成課程を設置しても、すべての高校にその卒業生が行き渡るにはかなりの時間を要します。そこで急場凌ぎ的に、現職の教員を対象にした２週間の講習を夏期休暇中に行い、修了した教員に免許を与えて情報の授業を担当させることになりました。情報はいわば"付け焼き刃"状態で始まったのです。

　付け焼き刃ではできることは限られます。３つの科目が用意されながらも、７〜８割の高校がWordやExcelなどの使い方を教える情報Ａに流れ、情報Ｂと情報Ｃは設置さえされないのが実態でした。これでは学習指導要領が求めるものにはなりません。もともと情報という教科の内容の検討が始まった当初、内容は情報Ｂと情報Ｃのもので進められていましたが、学校現場からの要望を受けて、PCに多少詳しければ授業ができそうな情報Ａ

が後から付け足えられたという経緯があります。当初の構想になかった情報Aを多くの学校が選択してしまったわけです。また当時既に多くの家庭にPCが普及していたことに加えて、小学校や中学校でも授業に部分的にPCを活用していたところもあったため、情報Aのような内容を高校の授業でわざわざ習う必要性を生徒が感じることができませんでした。

そのような状況の中、2006年に全国の高校で「未履修問題」が発覚します。高校で必履修の科目の授業を行わなかったため、生徒の卒業が危ぶまれた事件です。未履修とされた科目の代表例が世界史でしたが、実は世界史の次に多かった未履修科目が情報と言われています。

未履修まで行かないまでも、事実上の未履修だったところもあります。私が耳にしたある進学校のケースは、試験休み期間中に近くの専門学校でWordやExcelの講習を受けさせ、それをもって情報の授業を行ったと見なしたものでした。授業の内容どころか、授業自体が行われていない状態だったのです。

10年後、科目の再編でも状況は変わらず

これでは情報活用能力の習得を目的に情報という教科を設置した意味がありません。そこで2009年の学習指導要領改訂で、多くの高校が流れていた情報Aを解体し、「社会と情報」と「情報の科学」の2科目に再編することが決められました。ある意味"逃げ場"をなくしたのです。これで情報は狙い通りの方向に進むはずでした。

しかしそれでも事態は大きくは変わりませんでした。2013年から始まった2科目のうち、注目と期待が集まったのはプログラミングを含む「情報の科学」です。当時、世界的にプログラミング教育の重要性が認識されるようになり、日本でもその潮流に乗ろうと設けられたのが「情報の科学」でした。しかしその時の学習指導要領は、2科目のいずれかを高校が選択して設置する方式で、8割の高校がプログラミングを含まない「社会と情報」を選択したのです。

高校にも事情はありました。当時、高校の情報科教員のほとんどが他教

科との兼任で、プログラミングのような高度で専門的な知識を要する授業に備えることが難しかったのです。それどころか、「免許外教科担任」や「臨時免許」という非常手段を日常的に活用し、情報の教員免許を持たない教員が情報の授業を行っているところが少なくありませんでした。「情報の科学」に比べて「社会と情報」は専門的な内容が少なく、そうした教員でも授業を行いやすいという事情が、選択状況が極端に偏った理由でした。

　とはいえそれらの事情はあくまでも学校側の事情であり、生徒側の事情ではありません。再編から早くも３年後の2016年には、中央教育審議会が答申の中で「情報やコンピュータに興味・関心を有する生徒の学習意欲に必ずしも応えられていないのではないか」と指摘。「生徒の卒業後の進路等を問わず、情報の科学的な理解に裏打ちされた情報活用能力を育むことが一層重要」と提言し、再度の改訂の可能性について言及しました。

　一方、教育現場とは別のところからも、改訂の必要性が持ち上がるようになります。「IoT」や「AI」といった新しい情報技術の発展と問題解決手段の広がり、そしてそれを受けた産業界からの人材ニーズの拡大です。

※免許外教科担任……その教科の免許を持たない校内の教員に、教科を担当してもらう制度。都道府県教育委員会に申請のうえ、１年ごとに認められる。

※臨時免許……教員免許の一種で、普通免許を持つ教員を確保できない場合に交付される。有効期間は原則として３年間。

産業界が求める「データ活用に長けた人材」

データがあふれる世界

第1章で詳しく解説しますが、IoTは機械が直接インターネットにつながる世界を意味する言葉です。機械同士がデータをやり取りし、お互いを適切に制御するのがIoTです。途中に人間を介さないため大幅な自動化が可能になります。ただしデータを単に左から右に流すだけではあまり価値はありません。機械から送られたデータを加工・分析し、適切な意思決定を行ったうえで別の機械の制御に生かして初めて、IoTは大きな価値を持つようになります。

キーになるのはそのデータの加工・分析、すなわち情報活用です。その機能を提供するものの一つがAIですが、情報活用をAIに全面的に依存していては、人間はAIに使われる存在になってしまいます。AIを主体的に活用するためにも、情報活用能力を持った人材が必要になったわけです。

またデータを「活用しなければならない」時代になったことも、情報活用能力が重要になった理由の一つです。スマホ一つでも多様な色のモデルが用意されているように、消費者の嗜好は多様化しました。多様なニーズのもとでは「画期的な製品を作ったから買いなさい」というプロダクトアウト的な考え方よりも、ニーズに合わせたモデル展開というマーケットイン的な考え方が求められます。さまざまなニーズを的確に把握するためには、データを活用するしかありません。

「師匠の背中を見て学べ」では間に合わない

もう一つ、情報活用能力が産業界で求められるようになった背景に、「少

子高齢化」と「技術伝承」があります。企業が永続するためには、長年かけて培った技術を次の世代に引き継いでいかなくてはなりません。しかし少子高齢化が急激に進む中では、引き継ぎに充てられる時間は限られています。昔のように「師匠の背中を見て学べ」みたいなことを言っている暇はなく、誰が見ても客観的に分かる形、すなわちデータで伝承していく必要があります。

　かといって今の師匠に「引き継ぎのための詳細なデータを用意してください」とお願いしても、師匠は困ってしまいます。そもそもその師匠も、先代の大師匠に「背中を見て学べ」方式で育てられたため、自分の技術をデータで表現するという経験がないのです。

　私が以前見学したある製麺工場は、まさにこの問題を情報活用で乗り切りました。この工場では、ベテラン技術者がその日の天候状態に合わせて、原料の配合や粉の練り方などを微調整することで、安定した高品質の麺を作り出していました。しかしどういう調整をするかのノウハウは、その技術者の頭の中にしかありません。そこで生産ラインに多数のセンサーをつけてデータを取ることで、ベテラン技術者の日々の調整を数値化。公開されている気象状況と組み合わせ、分析して数式化することで、技術者の頭にしかない暗黙知だったベストの製造方法を、具体的な数字で表した「レシピ」にすることに成功したのです。スタッフの情報活用能力が、技術伝承という企業の将来を左右する問題を解決したのです。

青田買いが追認されるほどの学生獲得合戦

　こうした背景の下、産業界では情報活用能力を持った人材のニーズが高まり、獲得競争が始まりました。「青田買い」も横行するようになり、政府は新たなルールを設けることになりました。「専門活用型インターンシップ」を経験した学生の早期採用です。特定の専門知識を持ち、それを活用したインターンシップを経験した学生に限って、一般の学生より早く採用活動を始めてよいとしたルールで、2026年春卒業の大学生から適用されます。具体的に何が専門知識かは文書上では定義されていませんが、報道に

よると「AIやデータ分析などのスキルを持った学生」を想定しているとのことです。青田買いをある意味追認しなければならないほど、情報活用能力を持つ学生の獲得合戦が激化しているのです。

　一方、学生の就職実績を競う大学は、産業界の旺盛な人材ニーズに応えるべく、学生の情報活用能力の育成に力を入れるようになりました。2017年にデータサイエンス学部を新設した滋賀大学を皮切りに、全国の大学でデータ活用に特化した学部や学科の新設が相次いでいます（図0.1）。それに限らず既存の学部学科でも、教養課程でデータ活用のカリキュラムが強化されるようになり、産業界が求める人材を輩出できる体制は整ったはずでした。

図0.1：2017年以降国公立大学で新設されたデータ活用特化の学部

年	大学	新設された学部
2017年	滋賀大学	データサイエンス学部
2018年	横浜市立大学	データサイエンス学部
2020年	長崎大学	情報データ科学部
2023年	一橋大学	ソーシャル・データサイエンス学部
2023年	名古屋市立大学	データサイエンス学部

このほかに学科単位の新設や私立大学での学部新設も相次いでいる

　ところが現実には大きな問題が残っていました。大学では「高校レベルから教えないといけない」という実情です。

0-4

必履修科目「情報Ⅰ」の誕生と入試科目化

「高校でちゃんと教えてほしい」と言う大学の先生

　前述のように2013年から情報科では2つの科目が用意されました。2つのうち、データ活用を学ぶにはプログラミングやシミュレーションなどを含む科目の「情報の科学」が理想なのですが、大半の高校は専門的な内容が少ない「社会と情報」を選択する状況でした。またそれ以上の問題として、多くの高校で情報の教員免許を持たない教員が授業を担当している状況では、満足な授業ができるはずもありません。生徒の側も、受験に関係ない科目のため力が入らないのは、ある意味仕方のないことでした。

　そのため大学では、本来なら高校で学んでおくべきところから始めなくてはなりません。大学の授業は高校レベルになってしまうわけです。さすがに高校レベルの授業だけでは、産業界が求めるようなレベルの専門知識を持った人材にはなりえません。産業界が求めているのは高度な情報活用能力を持つ人材であり、大学にはそうした人材を育成できる知があります。しかし入ってくる生徒の基礎知識が不足しているために高校レベルから始めなくてはならず、産業界の人材ニーズをなかなか満たせないという構図になっているのです。

　当時、高校の情報科の教員を対象にしたシンポジウムで、ある大学の先生が「新入生の情報活用能力があまりに低い。高校でちゃんと情報を教えてほしい」と苦言を呈したそうです。それを聞いた聴衆の高校の先生方は「だったら……」と複雑な気持ちになったと言います。大学の新入生は、入試という入学希望者を選抜する試験を経て入学しているはずです。情報をちゃんと学んできた生徒に入ってほしいなら、なぜその選抜試験に課さないのかと言いたくなるのも当然でした。

入試に情報を「原則的に課す」方針を示す

　産業界が求める情報活用能力を持つ人材を育成するには、やはり情報の入試科目化が必要という認識が広まり始めましたが、２つの科目に分かれている状態では入試にはしにくいものです。そこで2018年、情報にとっては二度目となる学習指導要領改訂で生まれたのが、必履修科目の「情報Ⅰ」です。冒頭に書いたようにこの改訂では情報Ⅰと選択科目の情報Ⅱが設けられ、うち情報Ⅰが大学入学共通テストに導入されることになりました。

　周知期間を経て2022年から始まった情報Ⅰは、それ以前の「社会と情報」「情報の科学」を融合したものですが、内容的には「情報の科学の後継」です。「情報の科学」にしかなかったプログラミングやシミュレーション、データ分析といった情報を高度に活用する手法が、いずれも必須で学ぶ主要テーマとして情報Ⅰに盛り込まれました。情報という教科ができて約20年を経て、ようやく情報活用能力を生徒に習得させる環境が整ったというわけです。

　さらに全国の国立大学で構成する一般社団法人国立大学協会は2022年１月、大学入学共通テストで情報を原則的に課すという方針を示し、ほとんどの国立大学がそれに従いました。

　必須の入試科目になったことで、大学での情報活用能力の育成を高校レベルから始めなければいけないという事態も、解消に向かい始めています。私が知る限りでも３つの大学が、2025年度の新入生から教養課程でのデータ活用の授業レベルを引き上げる準備をしています。入試で必須で課しているので、「ここまではみんなもう知っているよね」という前提で、大学の授業を今までより高いレベルからスタートできるのです。その分、ゴールを高く設定することができ、産業界のニーズに応えられる体制が整いました。

　こうした経緯を経て、情報Ⅰは大学入試に取り入れられることになったのです。

序章
「情報」はこんな教科

第1章
情報社会の問題解決

第2章
コミュニケーションと情報デザイン

第3章
コンピュータとプログラミング

第4章
情報通信ネットワークとデータの活用

0-5

情報Ⅰを
ビジネスパーソンが学ぶ意義

プログラミングはビジネスのプロセスそのもの

「はじめに」にも書きましたが、情報Ⅰの内容のうちみなさんの関心が高いのは「プログラミング」ではないでしょうか。情報Ⅰのことがメディアで取り上げられるとき、最初に紹介されるのはたいていプログラミングです。「情報Ⅰ＝プログラミング」という誤解も、ここから来ているのではないかと思います。

　プログラミングというと、ITエンジニアが学ぶものと思われるかもしれません。しかし情報Ⅰは高校生に「ITエンジニアになれ」という意図でプログラミングを学ばせているわけではありません（そもそもITエンジニアを目指すなら、私なら情報Ⅰとは違うアプローチを勧めます）。最初に示した学習指導要領にもあるように、情報Ⅰが目指しているのは、情報を活用した「問題の発見・解決」です。プログラミングを学ぶことも、この目的に沿っているのです。

　プログラムは、やりたいことが明確に決まっています。「こういうことをやりたい」という明確な目標があり、それを達成できるプログラムを作っていきます。一発で達成できることは少なく、うまくできないなら原因を究明し、解決に向けて軌道修正をはかっていきます。また解決できても、もっと効率のよい方法を検討して継続的に改善していくことも、情報Ⅰのプログラミングでは学びます。

　こういうプロセスは、まさにビジネスの世界で日常行われていることではないでしょうか。売り上げや利益などの目標があり、それを実現するために日々アイデアを出し、目標達成のレベルを確認しながら計画を進行していくことを、どんな企業でも当然のように行っているはずです。プログ

27

ラミングではこの一連のプロセスを体験できます。それがプログラミングを情報Ⅰで学ぶ一番の意義なのです。

情報Ⅰ世代が社会人になる前に

　プログラミング以外にも情報Ⅰには、ビジネスに直結する内容が数多く盛り込まれています。現状を的確に把握するためのデータの活用や分析、最適な戦略を立案するためのシミュレーション、データを効率よく集めるためのネットワークやそれを安全に使うためのセキュリティ、さらにはデータを扱う際に留意すべき知的財産権や個人情報などです。いずれも日常仕事をしていく中で身につけておくべき知識であり、多くの方は仕事を通して習得してきたと思います。

　情報Ⅰはこれらがすべて高校生向けに分かりやすく整理された科目です。高校生のためだけというのはもったいない話です。情報Ⅰを学んできた世代が社会人としてビジネスの世界に入って来る日は近いうちに必ず来ます。その日に備えて今からビジネスパーソンも、次の第1章から解説する情報Ⅰの内容を学んでおくことは、決して損なことではないと思うのです。

　第1章から第4章では各テーマに関連した入試問題を、大学入学共通テストの試作問題や情報Ⅰを入試に課す大学が発表した模擬問題から選び、解説と併せて掲載しています。高校生が解く問題に皆さんもチャレンジしてみてください。高校生が学ぶ内容のレベルの高さと、それに対するご自身の理解度を実感できるはずです。

第 1 章

情報社会の問題解決

仕事の進め方にはセオリーがある
問題解決

┃ 入試問題を Check!

　ハヤブサ高等学校の生徒会役員のサクラさんは，数名の友人から「インターネットを利用しているときに，不快な広告を目にすることがある」という声を聞いていた。そこで，学校内にほかにも同じように感じている人がいるのではないかと考え，生徒会の活動としてこの問題を取り上げることにした。

問1　次の会話文は，表示される広告によって不快な思いをする生徒の現状を把握するために，生徒会役員の中で調査方法のアイデアを出すために行ったブレーンストーミングの様子である。ブレーンストーミングのルールに沿っていない発言はどれか。次の会話文中の①〜⑥のうちから最も適当なものを，一つ選べ。

サクラ：表示される広告によって不快な思いをする生徒の現状について，どうしたら多くの生徒の意見を聞けるかな。私がホワイトボードに書いていくから，アイデアを出していってね。
ノゾミ：①最低でも100名の回答を集めたいから，アンケート用紙を各クラス10人ぐらいにお願いする。
ツバサ：②全校生徒にインタビューする。
ノゾミ：③全校生徒にインタビューなんて無理だよ。
コマチ：④各クラスで話し合ってもらって，その結果を生徒会に報告してもらう。
ミズホ：⑤スマートフォンで回答できるアンケートにする。

ツバサ：⑥そう，Webによるアンケートがいい，タブレット端末でも回答できるし。

（中略）

サクラ：いろいろアイデアが出たので，その中から調査方法を決めていこう。

令和７年度大学入学共通テスト試作問題『旧情報（仮）』第６問より

2022年11月発表の共通テスト試作問題で出題された**「ブレーンストーミング」**に関する問題です。ビジネスの現場でも「ブレスト」という呼び方で、新しい企画を練るような場面で実施することがあるのではないでしょうか。データに基づく問題解決を主題とする情報Ⅰでは、ブレストの手法についても学びます。

　ブレーンストーミングの目的は、「とにかくアイデアをたくさん出すこと」です。各自が思いついたアイデアを、片っ端から発言していきます。どんなアイデアでも参加者が躊躇なく発言できるようにするためには、出てきたアイデアを否定するような発言は慎まなければなりません。それがブレーンストーミングのルールの一つであり、この問題で言えば③の「全校生徒にインタビューなんて無理だよ」という発言が、ルールに沿っていないことになります。

正答は③

「問題を明らかにする」のがスタート

◆すべてのビジネスは「問題解決」

　あらゆるビジネスは、つまるところ「問題を解決する」ことに帰結します。飲食店は「おなかが空いた」という問題を解決するビジネスであり、電車やバスは「目的地に歩いては行けない」という問題を抱えている人に手段を提供するビジネスです。問題を解決することの対価として報酬を受けることで、ビジネスは成り立っています。

　問題は、できる限り早く明らかにし解決してあげることが必要です。で

きれば当事者がそれを問題と認識する前に問題と指摘してあげるのが理想でしょう。問題が長らく続くと当事者が慣れきってしまい、不自由な状況を当たり前のものと思い込んでしまうかもしれないからです。

コンサルタントと呼ばれる専門家の方は、独自のノウハウやツールを駆使して問題を明らかにするとともに解決策を提示してくれます。高校生に同じことを期待するのは無理ですが、コンピュータという問題解決に有効な道具は高校生でも使えるようになりました。

どんな問題にも万能な解決策というのはありませんが、解決策を考えるアプローチにはセオリーがあります。そのセオリーを教えることで身の回りの問題を自ら解決し、価値を作ることのできる人に育てようというのが、情報Ⅰの最初に「問題解決」がテーマに据えられた理由です。

◆聞き方が適切でなければ意味がない

昔の刑事ドラマに「事件は会議室で起きてるんじゃない。現場で起きてるんだ！」という名セリフがありましたが、問題にも同じことが言えるでしょう。問題を解決するなら、会議室ではなく現場に行かなくてはなりません。問題に直面している人たちから直接話を聞くことが、有効な解決策を考えるのに必要です。

現場の当事者がどういう問題に直面しているのか、情報を収集する方法の一つがアンケートです。アンケートにより現状を把握するとともに、解決へのヒントを得ることが可能です。

ただしアンケートを効果的なものにするためには、アンケートでどんな内容をどのように聞くか、実施前に適切に設計しておくことが必要です。おぼろげな「こういうことを知りたい」という想いだけでアンケートを作ると、現場を正しくとらえることができず、問題解決を進めることもできなくなります。

適切なアンケートの設計については、冒頭に挙げた共通テスト試作問題に続く形で関連する問題が出題されています。

問3　生徒会では調査の目的を次のように設定し，Webアンケートの原案を考えた。後の図1はその一部である。

〈調査の目的〉

• 広告を見て不快な思いをした経験とインターネット利用状況には関係があるか

• ハヤブサ高等学校の生徒はどのような種類の広告を不快に感じているか

　このアンケートの原案が，調査の目的に合っているか，生徒会役員で見直したところ，Q1～Q3について次の①～⑥の意見が出された。このうち改善案として適当なものを，二つ選べ。ただし，解答の順序は問わない。

①Q1で「1時間未満」と答えた人は，Q3以降の不快な広告についての一連の質問に回答しなくて済むようにする。

②Q2で「いいえ」と答えた人は，Q3以降の不快な広告についての一連の質問に回答しなくて済むようにする。

③Q3で選択した項目について，不快な広告を見た回数を回答できるように質問を追加する。

④Q3で選択した項目について，どの程度不快に感じたかを4段階で回答できるように質問を追加する。

⑤Q3の回答方法を複数選択可に変更する。

⑥自由記述は集計できないので，Q3の選択肢から，「その他」を削除する。

図1　Webアンケートの原案の一部

Q1　平日1日あたりのインターネット利用時間はどのくらいで
　　すか？　ただし，学習時間での利用を除きます。
　　（一つ選択 ◉）
◯　1時間未満
◯　1時間以上3時間未満
◯　3時間以上5時間未満
◯　5時間以上

Q2　インターネットを利用するときに，広告を見て不快に思っ
　　た経験がありますか？　（一つ選択 ◉）
◯　はい
◯　いいえ

Q3　インターネット利用時に表示された不快な広告は，どのよ
　　うなものでしたか？　（一つ選択 ◉）
◯　不快な画像を含むもの
◯　他人に知られたくない自分に関する情報を含むもの
◯　危険そうなサイトに誘導するもの
◯　アプリケーションソフトウェアの表示を妨げるもの
◯　アプリケーションソフトウェアの実行を遅くするもの
◯　その他 [　　　　　　　　　　　　　　　　] （自由記述）

令和7年度大学入学共通テスト試作問題『旧情報(仮)』第6問より

　正解は②と⑤です。Q2で「いいえ」を選択した人は広告を見て不快に
思った経験がない人なので、不快な広告がどのようなものだったかを問う
Q3は必要ありません。また不快に思わせる要因は一つとは限らないので、
Q3で「一つ選択」という条件を付けていては十分に意見を拾えない可能
性があります。

アンケートを紙に印刷して配付し、回収する方法しかなかった時代と違い、今ではインターネットを使って容易にアンケートを実施できるようになりました。場所にとらわれず多くのサンプルに対し調査を行うことができ、集計もしやすくなった半面、内容を練られていない粗雑なアンケートが見られるようになっているのも事実です。私が以前ネットで受けた自動車購入に関するアンケートでは、最初の質問で「当面購入意向なし」と答えているのに、2問目以降「この1か月間に訪れたディーラーは？」「試乗したディーラーは？」「見積もりを取ったディーラーは？」などの無意味な質問が連続し、うんざりしたのを覚えています。

　単に聞きたいことを並べただけでは、調査する側が実態を把握しやすく答える側も答えやすい、良いアンケートにはなりません。答える側に負担を感じさせるアンケートでは、正確な情報を取ることさえできなくなるでしょう。正しい設計がなされていなければアンケートは実施する意味がないことを、この問題を通して理解させようとしているのです。

◆奥に潜む真の問題を明確化する

　ビジネスの場で問題の根本原因をつきとめる方法として、「なぜなぜ分析」というものを聞いたことがある方もいらっしゃると思います。トヨタ自動車の改善手法から生まれたとされる手法で、一つの問題についてその原因を考え、さらにその原因の原因を考える……という具合に、次々とさかのぼって考えて真の原因を見つけるものです。

　なぜなぜ分析を行うのは、問題の原因追究が表面的なものに終わらないようにするためです。アンケートなどで明らかになるのは、当事者が直接感じることのできる問題であり、その問題だけを見ていては真の原因にたどり着けず、根本的な解決はできないかもしれません。原因の背後にある問題を見つけるためには、問題を分かりやすい形で可視化し、解決策を議論できる環境を作ることが効果的です。

　例えばグラフ化も、問題を可視化する方法の一つと言えるでしょう。目標値に対しどれだけ現状が足りないか、数値だけで見るよりもグラフを使って視覚化する方が、具体的なギャップを認識できるようになります。

　また、問題がいくつもあるような場合も、グラフで視覚化することによって、対策が急がれるのはどの問題なのか、優先順位をつけやすくなります。数多くのタスクについて優先順位をつけるのは、ビジネスの場で重要なスキルであることは言うまでもありません。

　グラフ化以外に、モデル化やシミュレーションの活用なども、問題を明確化する手法です。モデル化やシミュレーションも、情報Ⅰで学びます。本書でも第3章でその活用法を紹介していきます。

明らかにした問題に対処する

◆解決策を立案し実行する

　問題が明らかになれば、次に行うのは解決策の立案です。アイデアを出し合ったり、同様の事例を調査したりしながら、有効な解決策を見いだしていきます。その中には、モデル化やシミュレーションの活用も含まれます。詳しくは第3章で説明しますが、実物で試すことができないことを、バーチャルな環境で失敗を恐れず試せるようにするのがモデル化やシミュレーションです。

　解決策が決まれば次はその実行です。実行するためには、解決策を考えた人たち以上に、現場で問題に直面している人たちの協力が欠かせません。そうした人たちを巻き込むために行うのが**プレゼンテーション**です。プレゼンテーションにより関係者を納得させることで、立案した解決策を実行に移すことができます。

　情報Ⅰでは効果的なプレゼンテーションのやり方についても説明されています。次のような内容です。

- スライドに文字を詰め込みすぎない
- リハーサルが重要
- 割り当てられた発表時間を守る
- 手元やスクリーンばかり見ないで聴衆に正対する

いずれもプレゼンテーションではごく当たり前の作法で、改めて聞くまでもないと思われるかもしれません。しかし果たして本当にそうでしょうか。

　私も人のことは言えないのですが、こうした基本的な作法を守らない下手なプレゼンテーションは、ビジネスの場面でもたまに見かけることがあります。高校生の教科書に書いてあることを、「何を今さら分かりきったことを」と無視してしまっていいようには思えません。

　高校生はこうしたプレゼンテーションの基本を学んだうえで、社会に入ってきます。その時に、先輩社員として恥ずかしい思いをしないためにも、情報Ⅰの教科書に書かれているプレゼンテーションの基本は確認しておくべきでしょう。

◆解決策の効果は出たか？

　解決策を実行したら次はその効果検証です。考案した解決策が問題の解消に本当につながったのか、どのくらい解決できたか、解決とのトレードオフで新たな問題が発生していないか、などを確認するのは、問題解決をさらに前に進めるために重要です。解決策を実行する中で別の解決策が見つかったり、そもそも問題の認識が間違っていたりすることも含めて、立ち止まって確認するステージが必要になります。

　効果検証で重要なのは、数字で評価することです。単に「よくがんばった」だけでは、効果があったのかどうかは分からず、次に何をすべきかを考える材料にもなりません。数字で評価するためには、効果を測る指標をあらかじめ用意しておくと同時に、その具体的な目標値も設定しておく必要があります。それらがあって、初めて効果を検証できる環境が整います。

　指標を用意し、数字で評価できるようにするためには、得られた数字を指標として活用できるように加工を行う必要があります。その適切な加工方法については第４章の「データ活用」のところとリンクしており、本節の「問題解決」と合わせて、「データに基づく問題解決」という情報Ⅰのメインテーマを構成しているわけです。

会議をただの雑談に終わらせない手法

◆とにかくアイデアをたくさん出す「ブレーンストーミング」

　問題解決のプロセスでは、さまざまな関係者が会議などで意見を交わすことになります。しかし会議は往々にして、単なる雑談に終わってしまうことがあります。会議を生産的なものにするために情報Ⅰで紹介されている手法の一つが、本節の冒頭の入試問題にもある「ブレーンストーミング」です。「とにかくアイデアをたくさん出す」ことが目的のブレーンストーミングでは、推奨されていることと禁じられていることがいくつかあります。

　推奨されていることの一つが、「自由な発言を促す」ことです。アイデアをたくさん出すのは、アイデアも「数打ちゃ当たる」ことを期待しているからです。数を稼ぐなら突拍子もないアイデアも思いついたものは全部あげていくことが必要です。その場では評価しないことをルールにしておけば、参加者がためらうことなく自由に発言できるでしょう。

　逆に言えば、評価するような行為はブレーンストーミングではやってはいけません。本節の冒頭に挙げた入試問題のように、他人の発言内容を否定するような行為は禁じ手です。否定したいと思ってもスルーしなくてはなりません。その点が、互いのアイデアを戦わせる「ディスカッション」との大きな違いです。

　他に推奨されていることとして、「他人のアイデアを活用して別のアイデアを出す」ことがあります。アイデアを発展させるという狙いがあるのはもちろんですが、それに加えて、問題解決に向けてチームの一体感を高めるという効果も期待できます。

◆アイデアを収束させる「KJ法」

　ブレーンストーミングではアイデアは出しますが、その評価は行わないので、結論として収束させることも行いません。しかし次の行動に結びつけるには何らかの結論を導き出す必要があります。その手法の一つとして情報Ⅰでも取り上げられているのが「KJ法」です。

　KJ法では、ブレーンストーミングなどで列挙された個々のアイデアをカ

ードに列記します。そのカードを並べて俯瞰し、参加者で議論しながら類似したアイデアのカードをグループ化します。そのグループを類似性をもとにさらに大きなグループにまとめたり、グループ間の相互関係を図式化するなどの作業を通じて、アイデアを大きなレベルに抽象化していきます。そのうえで個々の重要性を評価し、取り組むべきことを明らかにします。カードをテーブルの上に並べて行う場合もあれば、付箋紙に書いてホワイトボード上で行うことも多いようです。

問題解決は持続的な活動

◆ PDCA を回す

多くの場合、一つの解決策を一度実行しただけでは問題を解決しきれません。問題解決を持続的なものにする手法として広く知られているのが PDCA です。PDCA は情報Ⅰでも問題解決の代表的な方法として取り上げられています。

PDCA が

- Plan（計画）
- Do（実行）
- Check（確認）
- Act（改善）

の頭文字であることは、社会人なら多くの方が通じていることでしょう。問題解決のための「計画」を立て、それを「実行」し、効果が出たかを「確認」して、さらなる「改善」を図る一連の行動を繰り返していくものです。そのため PDCA のサイクルを「回す」という表現がよくとられます。

しかし実際の仕事は P と D だけで終わり、C と A がなおざりになっているという話をよく聞きます。サイクルにならず「やりっぱなし」ということです。過去に取られた施策の効果が検証されないまま放置され、後々になってそれが経営の足を引っ張るような事象は、思い当たるものがあるの

ではないかと思います。

　日本は歴史的に製造業を中心に現場での改善活動が盛んです。それが日本のものづくりの特徴として世界から注目されていることは、「カイゼン」という言葉がそのまま英語圏でも通用するという事実にも表れています。PDCAのAの部分は既に十分な土壌があるのですから、足りないのはCだけです。データで物事を正しくとらえるための知識を養う情報Ⅰが注目される理由もそこにあるわけです。

◆最終目標の「KGI」と中間目標の「KPI」

　効果を具体的に検証するための指標として知られているのが、「**KGI**（Key Goal Indicator）」と「**KPI**（Key Performance Indicators）」です。

　いずれも「目標」を示す指標ですが、KGIは最終的に目指すべき目標を示す指標です。それに対しKPIは、そのKGIを実現するために必要な目標であり、「中間目標」とも言えるでしょう。例えるなら、「売上高を前年比1.2倍に」にというのがKGIなら、KPIは「顧客訪問数1.5倍」、「商談成功率1.4倍」、「新製品開発数2倍」などになるでしょう。KPIを達成することでKGIの達成が見込めるというものです。

　KGIもKPIも、重要なのは数値化することです。あいまいな目標では達成したかどうかを検証できません。数値にすれば物事を客観的にとらえることができ、次の問題解決に向かうことが可能になります。

1-2

知らないうちに権利侵害していませんか？

知的財産権

入試問題を Check!

　Aさんは，ある有料のイラスト素材集を使って，生徒会の各委員会を紹介するWebサイトを作ることになった。そのイラスト素材集の利用規約から抜粋したものを以下に示す。

---

1. 購入いただいたコンテンツの利用にあたっては，本ライセンス契約の遵守を条件に，公衆送信も含め，私用・商用を問わず，何度でも，期間の制限なくコンテンツを利用できます。
2. 購入いただいたコンテンツを使用するにあたり，当社が使用権を許諾した後も，著作権等コンテンツに係る諸権利は，当該コンテンツの著作者又は著作権者に帰属し，お客様への権利の移転は行われません。
3. 購入いただいたコンテンツは，トリミング，反転，サイズ変更，色変更，文字乗せ，簡単な合成等の範囲において加工が可能です。
4. お客様は，有償無償を問わず，購入いただいたコンテンツに対し，転売，譲渡，又は第三者に利用を許諾する等の行為をしてはなりません。

コンテンツ利用規約（抜粋）

　自分で購入したイラストの画像データについて，著作者又は著作権者に許諾を得ることなく，次の**あ**〜**う**の行為を行った場合，権利を侵害する行為はどれか。すべて選んだ組合せとして最も適当なものを，

後の①～⑦のうちから一つ選べ。

あ　Aさんは，イラストの画像データを友人が使いたいというので，そのままコピーして渡した。その際お金はもらわなかった。

い　Aさんは，イラストの画像データを背景に使用して，生徒会の広報動画の中に組み込み，動画配信サイトにアップした。

う　Aさんは，イラストの画像データの色合いを加工し，自分の著作物として名前を入れて生徒会のWebサイトにアップした。

①あ　　②い　　③う　　　④あとい

⑤あとう　　⑥いとう　　⑦あといとう

令和7年度大学入学共通テスト試作問題『旧情報(仮)』第3問(改)

　インターネットを使う際に知的財産権などの観点から注意すべきことを問う問題です。このような利用規約を目にした経験はどなたにもあるのではないでしょうか。読み飛ばしがちですが，使う前に正しく理解していないと権利侵害してしまいかねません。

　権利を侵害する行為を選ばせる本問の正解は⑤（あとう）です。「あ」は、友人に「そのままコピーして渡した」部分が権利侵害にあたります。コンテンツ利用規約の4で「譲渡、又は第三者に利用を許諾する等の行為」を禁じているからです。

「う」は、「自分の著作物として名前を入れて」がアウトです。コンテンツ利用規約の3で「加工が可能」とされているので、「イラストの画像データの色合いを加工」すること自体は問題ありません。しかし加工したものを「自分の著作物」としてしまうと、コンテンツ利用規約の2の「お客様への権利の移転は行われません」に抵触してしまうのです。

正答は⑤

知的財産権は産業財産権と著作権に分かれる

◆「経験則」ではおぼつかない知的財産権

　企業で商品企画などの業務に携わる方なら、「知的財産権」の確認にあたった経験がある方も少なくないでしょう。ビジネスの世界にいる方々ならば、多少なりとも知的財産権に関係する機会があり、理解もしているのではないかと思います。

　しかし知的財産権を体系立てて学んできた方は実は少なく、業務経験を通じて学んできた方がほとんどなのではないでしょうか。いわば「経験則」で身につけた知識であり、ご自身の中でその全体像をきちんと整理できているかというと、必ずしもそうではないと思います。

　一方高校生は情報Ⅰの中で、知的財産権をきちんと基礎から学んでいます。それぞれの権利の違いや目的を意識しながら学ぶ内容になっているため、その内容をもとに体系的に整理しておきましょう。

◆産業財産権と著作権

　まず知的財産権の大きな分類からご説明します。知的財産権には大きく分けて、「産業財産権」と「著作権」の2つがあります。産業財産権は、新しい発明や製品など「ビジネスの成果」として生み出された知的財産を保護する権利で、著作権は文章や写真、音楽など「人間の創作活動」により生み出された知的財産を保護する権利です。

　いずれも人間のアイデアから生まれたものを他人が勝手に使って利益を横取りできないようにすることで、次のアイデアの創出を促すものです。その点で両者は共通していますが、一つ大きな違いがあります。それは、権利を得るための出願が必要かどうかという点です。

　産業財産権は、特許庁に出願して登録されることによって初めて権利を得ることができます。つまり発明したり画期的な製品を作っただけでは権利は発生しません。それに対し著作権は出願は不要で、創作と同時に権利が与えられるのが特徴です。出願の要不要は、情報Ⅰの演習問題でも問われることが多く、知的財産権のテーマの中でも重要な知識として扱われて

いI ます。

　産業財産権は、さらに特許権、実用新案権、意匠権、商標権に細分化されます。

図1.1：産業財産権と著作権の分類

産業財産権		特許権	画期的な発明を保護する権利
		実用新案権	物の形状や構造などのアイデアを保護する権利
		意匠権	商品や部品などのデザインを保護する権利
		商標権	製品の名前やロゴ、マークなどを保護する権利
著作権	著作財産権	複製権	著作物を複製する権利
		演奏権	楽曲を演奏する権利
		上演権	脚本を演じる権利
		上映権	映像を放映する権利
		公衆送信権	著作物を放送や通信で流す権利
	著作者人格権	同一性保持権	著作物を勝手に改変させない権利
		公表権	著作物の公表可否を決める権利
		氏名表示権	著作者名の表示の仕方を決める権利

さまざまな産業財産権

◆特許権 ―画期的な発明

　これらのうち、もっともよく聞く言葉は「特許権」でしょう。特許権は画期的な発明に対して、出願から20年間独占的に利用できることを認める権利です。

　身近な特許の例として、「消せるボールペン」があります。消せるボール

ペンは、ペン反対側のラバーでこすった際の熱でインクを透明にすることで、消えているように見せています。この熱を与えると透明になるインクに対し、開発したメーカーに特許権が与えられています。

特許権による独占的な使用には20年という期限があるため、20年を超えて期限が切れた後、他社がその特許を使って同様の製品を開発する例も少なくありません。

◆実用新案権 ―組み合わせ方などのアイデア

「実用新案権」は、物の形状や構造、組み合わせ方などのアイデアを独占的に利用できる権利で、期限は出願から10年間です。私が以前特許権と実用新案権の対象の違いがよく分からず、専門家に尋ねた際、「一言で言うなら、特許までいかないようなちょっとした発明ですよ」と教えてくれたのを覚えています。確かに権利の期間が特許権の半分という点などを考えると、そういう位置付けなのかもしれません。

実用新案権が認められた例に、朱肉不要の印鑑があります。

◆意匠権 ―商品や部品などのデザイン

「意匠権」は、商品や部品などのデザインに対して25年間与えられる権利です。商品を特徴付ける形状や模様、色使いなどを、第三者が勝手に模倣することを防ぎます。

意匠権で保護されたものの例に、医療用のマスクの形状をもとにした一般消費者用の立体型マスクがあります。開発にはいろんな人の顔の構造を研究して試作する必要があったため、開発コストは相当なものだったと推測されますが、開発した構造を意匠権で保護することにより苦労が報われたと言えます。

◆商標権 ―製品の名前やロゴマーク

「商標権」は、製品やサービスなどを表す名前やロゴ、マークなどを保護する権利です。ロゴやマークは、その製品やサービスを消費者に思い起こさせる重要な印です。製品やサービスの象徴として使われている印を第三

者が勝手に使うと、第三者がその製品やサービスの開発者の名声を横取りしてしまうだけでなく、不十分な製品やサービスだった場合開発者の評価を貶めてしまう恐れがあります。商標権はそうした行為を防ぐためのもので、私たちの身の回りの商品やサービスのほとんどには商標がついています。権利は登録から10年間保護されます。

　商標権は、他の3つの産業財産権と大きな違いがあります。それは「保護期間の延長が可能」という点です。商標権に限っては、期限を延長できる仕組みが用意されています。10年間の期限が来る前に更新手続きを行うことで商標権を持ち続けることができ、ブランドを他者に汚されるような事態を防げます。自社の知的財産権を保護するために商標権を活用するならば、最初の登録申請だけでなく、10年ごとの更新手続きも忘れるわけにはいきません。

◆条件付きで利用を許可するライセンシング

　いずれの産業財産権も独占的に利用できる期間が設けられていますが、その間絶対に他者が利用できないというわけではありません。特に特許権や実用新案権では、一定の対価を条件に他者にも利用できるようにする「ライセンシング」が、広く行われています。

　アイデアなどの知的財産は無形であり、そのままでは収益を生みにくいため、具体的な製品やサービスに形を変えないといけません。しかしそのためには生産設備や人員などに大きな資金を注ぎ込まなくてはならず、それは特にアイデア勝負の中小企業には困難です。

　そこで製品化やサービス化の部分は他者に任せ、そのベースとなる知的財産の部分だけ有償で提供することで、投資を回収しようというのがライセンシングです。知的財産権を持っている企業や個人は、それを製品などに具体化するところまでの義務を負っているわけではありません。与えられた権利をどう扱うかについては自由というわけです。

◆知的財産をあえて公開する

　知的財産権の中にはその利用に開発元が対価さえ求めず、あえて戦略的

に公開するところもあります。その例としてよく知られているものに、代表的な二次元コードである「QRコード」があります。

　開発元の株式会社デンソーウェーブではQRコードの特許権を取得したものの、その権利を行使せず敢えて公開することで、広く普及させる戦略を採りました。その結果、QRコードは今では航空券やクーポン券、バーコード決済などに幅広く使われるようになっているのはご承知の通りです。この話はQRコードのサクセスストーリーとして非常に有名であり、共通テストの試作問題でも特許権の扱い方として出題されています。

　　次の太郎さんと先生の会話文を読み，問いに答えよ。

太郎：二次元コードって様々なところで使われていて，便利ですね。

先生：二次元コードといってもいろいろ種類があるけれど，日ごろよく目にするものは日本の企業が考えたんだよ。

太郎：すごい発明ですね。企業だから特許を取ったのでしょうか。

先生：もちろん。　ア　世の中で広く使われるようになったんだよ。

図1
二次元コードの例

太郎：どのくらいの情報を入れられるのでしょうか。

問1　空欄　ア　に当てはまる文として最も適当なものを，次の①〜④のうちから一つ選べ。

①そこで，使用料を高くすることでこの二次元コードの価値が上がったから

②しかし，その後特許権を放棄して誰でも特許が取れるようにしたから

③そして，特許権を行使して管理を厳密にしたから

④でも，特許権を保有していても権利を行使しないとしていたから

令和7年度大学入学共通テスト試作問題『情報Ⅰ』第2問より（正解は④）

　それにしても特許権の権利を行使せずに、どうやって開発コストを回収したのでしょうか。どうやら、QRコードの開発元として企業名が広まり、高い技術力を持つ企業として認知されるようになったことを、効果としてとらえているようです。

　なるほど、確かにQRコードが登場する場面では、「QRコードは株式会社デンソーウェーブの登録商標です」という表記が見られます。QRコードが使われる度にその社名が出るというのは相当なPR効果であり、QRコードに限らない新たな技術開発の案件獲得にも有効なのでしょう。

ちょっとややこしい「著作権」

◆著作権はバリエーションが多い

　もう一つの知的財産権である「著作権」は、人間の創作活動の結果生み出されるものに与えられる権利です。その点、主に企業活動の中から生み出されることの多い産業財産権に比べて、一般の個人にも身近な存在と言えるでしょう。

　個人が書いた文章も、描いた絵も、撮影した写真もすべて著作権が発生し、作った人の権利が守られます。前述のように産業財産権と違って権利保護のための申請などが不要で、作ったその時点から自動的に権利が発生するため、個人でも得やすい権利です。

　ただ著作権が少しややこしいのは、産業財産権よりもバリエーションが多いということです。産業財産権は作った人の創作活動に報いるものであり、それはもちろん著作権でも基本的に変わりありません。しかし著作権の場合、創作活動から生み出されたものを公開する方法が多彩で、公開の過程で著作者以外にもいろいろな関係者が携わることが少なくありません。彼らの存在も著作物を知らしめるのに重要な役割を担っているため、彼らの権利も守ってあげる必要があります。

　また人間の創作活動から生み出された著作物は、その人の思想や主義などにひも付いていることが多く、不適切な利用はその人の尊厳を貶めることにもなりかねません。著作権ではそのような利用を防ぐことも定められ

ているため、産業財産権より複雑なように見えるのだと思います。

◆複製権 ―勝手にコピーさせない

「複製権」は、さまざまな権利があり複雑な著作権の中で、最も分かりやすく、かつ最も知られている権利かもしれません。著作物の複製や録音、録画などを行う権利を著作者だけに認めるものです。著作物を紙に出力する印刷行為も複製の一つとして見なされています。

◆演奏権、上演権、上映権 ―著作物から新たな著作物を作る

著作者には作った著作物そのものの複製だけでなく、その著作物を元に新たな作品を作る権利も認められています。「演奏権」は作曲した曲を演奏する権利、「上演権」は演劇の脚本などをステージなどで演じる権利、「上映権」は映像を放映する権利です。いずれも著作者以外が勝手に演奏や上演などを行うことを禁じています。

◆公衆送信権 ―放送や通信で伝える権利

聴衆を前に演奏や上演で直接作品を披露するだけでなく、間接的に披露することにも権利が与えられています。それが「公衆送信権」と呼ばれているものです。最も分かりやすい例には、テレビやラジオなどの放送で演奏した楽曲や映像を流す行為があります。作った著作物を放送に乗せて提供する権利が公衆送信権です。

広く一般大衆に披露する手段は昔は放送ぐらいしかありませんでしたが、今はインターネットがあります。そこでインターネットによる公衆送信、例えば公開中のWebサイトに楽曲のファイルを登録するような行為も、公衆送信権の対象に位置付けられており、楽曲の著作者に無断で行うことはできません。

◆その他の著作権 ―展示や翻訳、譲渡にも権利がある

著作物を口頭で伝達する「口述権」や展示する「展示権」、翻訳する「翻訳権」などがあります。また他者に著作物を譲渡したり貸与したりする権

利として「譲渡権」や「貸与権」があり、無断で他者に提供することは制限されています。

◆著作権の期限は70年

産業財産権同様に、著作権にも期限があります。期限は著作者の死後70年まで、映画の場合は公開から70年間です。70年を過ぎたものは著作権の期限が切れて、これら権利による保護はかからなくなるわけです。

このことを活用したサービスに、著名な作家の著作をインターネット上で無料で公開しているサービス「青空文庫」があります。数多くの名作を誰でも無料で読めるサービスなのですが、著作物をネットで公開しているのですから普通に考えれば複製権や公衆送信権にひっかかります。しかし青空文庫に著作が掲載されている作家は、いずれも死後から相当な期間を経て著作権の期限切れを迎えた作家です。そのためこうしたサービスが可能になっているのです。

ちなみに70年という期限は、著作権を定めた著作権法が2018年末に改正されたことによるもので、それ以前は50年でした。2018年初時点で死後50年以上を経過した作家、つまり1967年までに亡くなった作家の作品は、既

図1.2：「青空文庫」のWebサイト

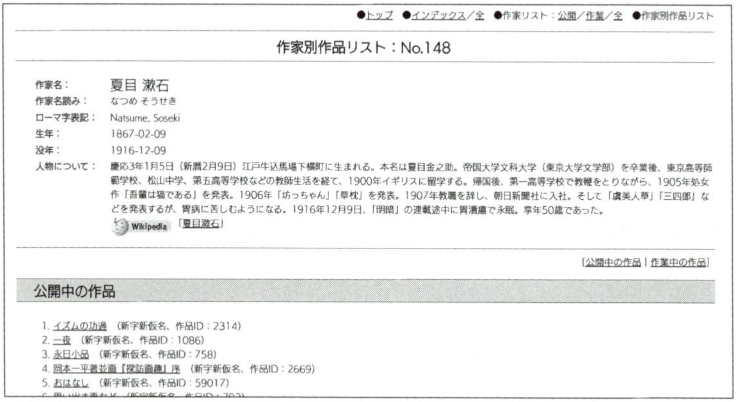

●トップ ●インデックス／全 ●作家リスト：公開／作業／全 ●作家別作品リスト

作家別作品リスト：No.148

作家名： 夏目 漱石
作家名読み： なつめ そうせき
ローマ字表記： Natsume, Soseki
生年： 1867-02-09
没年： 1916-12-09
人物について： 慶応3年1月5日（新暦2月9日）江戸牛込馬場下横町に生まれる。本名は夏目金之助。帝国大学文科大学（東京大学文学部）を卒業後、東京高等師範学校、松山中学、第五高等学校などの教師生活を経て、1900年イギリスに留学する。帰国後、第一高等学校で教鞭をとりながら、1905年処女作『吾輩は猫である』を発表。1906年「坊っちゃん」「草枕」を発表。1907年教職を辞し、朝日新聞社に入社。そして「虞美人草」「三四郎」などを発表するが、胃病に苦しむようになる。1916年12月9日、「明暗」の連載途中に胃潰瘍で永眠。享年50歳であった。
Wikipedia 夏目漱石

[公開中の作品｜作業中の作品]

公開中の作品

1. イズムの功過 （新字新仮名、作品ID：2314）
2. 一夜 （新字新仮名、作品ID：1086）
3. 永日小品 （新字新仮名、作品ID：758）
4. 岡本一平著並画『探訪画趣』序 （新字新仮名、作品ID：2669）
5. おはなし （新字新仮名、作品ID：59017）

に青空文庫に公開されています。しかし1968年以降に亡くなった作家は70年という新しい著作権法が適用されるため、当面の間は青空文庫に新しい作家が追加されないことになります。

◆ソフトウェアは著作権の保護対象

　著作権に関しては、もう一つ押さえておきたいことがあります。それはコンピュータの「ソフトウェア」は、著作権で保護されるという点です。ソフトウェアを勝手にコピーして使ってはいけないことは、ビジネスパーソンは常識として知っていると思います。その理由は、著作権法で定義されているためです。

　ソフトウェアが小説や写真などと同じ扱いというのは、少し奇妙に思われるかもしれませんが、コンピュータの普及が始まった1980年代にソフトウェアは「プログラムを書いた人による著作」と見なされるようになり、保護されるようになりました。

　ただし著作権は人間の創作活動から生み出されたものを保護する権利であり、創作のもとになっているアイデアは保護しません。ソフトウェアも同様で、著作権により作者が書いたプログラムは保護されますが、作者のアイデアすなわち何をどういう手順で処理するかという「アルゴリズム」の部分は保護されません。アルゴリズムまで保護したいなら著作権では不十分で、特許権などを活用する必要があります。

思想や主義を尊重する著作者人格権

　ここまで列記してきた権利は、狭義の意味での著作権であり、「著作財産権」とも呼ばれます。いずれも著作物をお金に変えられる権利に関連しているものだからです。

　しかし先に書いたように、著作物は著作者の思想や主義などが現れたものです。財産としての配慮だけでなく、著作者の名誉を傷つけない配慮も求められます。そのための適切な利用方法を定義した権利が「著作者人格権」です。

著作者人格権には、具体的には次のようなものがあります。

◆同一性保持権 ―勝手な改変をさせない

「同一性保持権」は、著作物の内容を勝手に改変しないことを保証する権利です。名誉を傷つけないという著作者人格権の特徴が最も表れている権利と言えるでしょう。著作者の意図しない方向に第三者が著作物を改変して公表すると、著作者の考えがねじ曲げて伝えられてしまいます。そうした行為を防ぐために定義されています。

◆公表権、氏名表示権 ―発表の仕方は著作者が決める

「公表権」は著作物の公表可否を決める権利、「氏名表示権」は著作者名の表示の仕方を決める権利です。氏名表示権には本名か別名かという選択の他に、そもそも著作者名を出すのか出さないのかを決定する権利も含まれます。

◆著作隣接権 ―公開の役割を担った人にも与えられる権利

著作権は基本的にその著作物を作った著作者に与えられますが、著作者以外に与えられる権利もあります。それが「著作隣接権」です。著作物を公開する過程で重要な役割を担った人たちに与えられる権利で、演劇の脚本であれば演出家や演じる俳優、楽曲であれば楽器を弾く演奏者などが権利者になります。

例えば過去のテレビ番組をインターネットで配信する場合、テレビ局や番組に登場するタレントなどに著作隣接権が発生します。権利を持つ関係者が多いことが、過去のテレビ番組のネット配信が難しい理由の一つとされています。

著作物を著作者以外が使える条件

◆引用のルール

産業財産権がライセンシングによって他者でも正当に利用可能になるの

と同じように、著作権も正当な手続きを経れば著作者以外でも利用できます。正当な利用方法の一つが「引用」です。他者の著作物を、一定のルールの下で自分の著作物の中に取り込むことが認められています。

その「一定のルール」は、

- 引用する必然性があること
- どの部分が引用によるものか明らかにすること
- 全体の中で引用部分が主体ではないこと
- 出典を明らかにすること

の4つです。引用時にはこの4つをすべて満たす必要があります。「どの部分が引用によるものか明らかにすること」と「出典を明らかにすること」は文字通りの意味ですが、少し分かりにくいのが残りの2つです。

「引用する必然性があること」は、何か目的があって引用はそのために行ったことが明らかであることです。例えば著作物の中で何かを主張したい場合、その裏付けのために第三者が過去に発表した著作物を引用するようなケースは、引用する必然性があると言えます。

「全体の中で引用部分が主体ではないこと」は、他者の主張を自分の主張のように見せないための条件です。引用して新たに作った著作物は、作った人が著作権を持ちます。しかしその著作物の中で引用部分がメインに位置付けられていると、作った人のオリジナリティはなく、その人に著作権を与えて守るような著作物ではないとなるわけです。

◆実社会での引用のされ方

しかし世の中を見渡すと、引用という手法を取らずに、他者の著作物を勝手に公開しているように見えるものが少なくありません。

例えばその一つに「ゲーム実況」があります。プレイ中のゲームの画面をインターネットで配信するものですが、ゲームの画面にはもちろん著作権があります。各種の著作権の定義をあてはめて考えると、映像を流す上映権や著作物を配信する公衆送信権などにひっかかりそうです。それでも

ゲーム実況がネット上で盛んに行われているのは、著作権を持つゲーム開発会社の多くが、ゲーム配信によるPR効果を考えて「営利目的としない」などの条件付きで認めているためです。

著作権法の違反は、著作者が訴えない限り問題になることはありません。ゲーム実況の場合、条件を満たしている限りは問題にしない意思表示をゲーム開発会社がしているわけです。逆に言えば条件を満たさない場合は問題にするということであり、実際2023年5月にはガイドラインで禁止された範囲のプレイ動画を配信していたゲーム実況者が摘発される事例も起きています。

条件を決めるのは著作者であるゲーム開発会社であり、条件が変われば問題の有無の線引きも変わります。つまりゲーム開発会社の「さじ加減」で、ゲーム実況の可否が決まるわけです。ゲームという著作物の利用者は、その「さじ」の動きを注視する必要があります。

◆利用条件を示す「クリエイティブ・コモンズ・ライセンス」

こうした条件付きでの著作物の利用はゲームに限りません。著作物は著作者の自己表現の一つであり、自分が作った絵や小説、写真などの作品をむしろ積極的に利用してほしいと願う著作者は珍しくはないでしょう。ゲームではゲーム開発会社が利用の条件を示したように、一般の著作者でもこうした条件を示すことは可能です。そのための仕組みが「クリエイティブ・コモンズ・ライセンス」です。

図1.3：クリエイティブ・コモンズによる意思表示の例

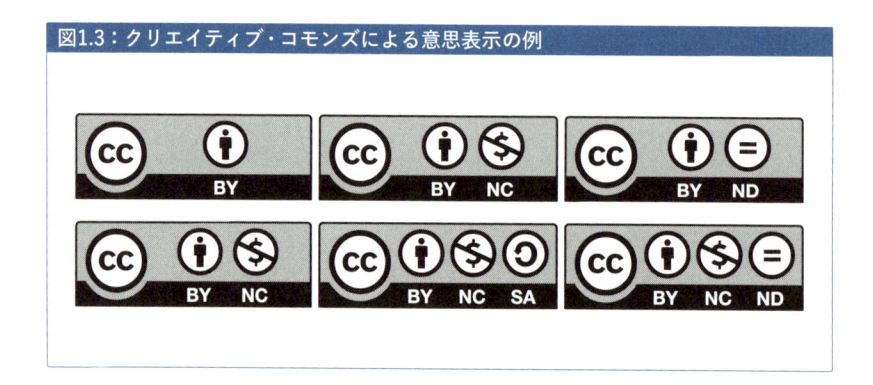

クリエイティブ・コモンズ・ライセンスは、著作者が「この条件の範囲内で著作物を自由に使ってOK」という意思表示をする仕組みです。BY、SA、ND、NCの4種類のアイコンの組み合わせでその条件を示します。

「BY」は作者名の表示、「NC」は非営利での利用、「ND」は改変禁止、「SA」は元の条件を変えない前提で再配布も可とするものです。例えば図1.3の左下は、作者名の表示（BY）と非営利利用（NC）が利用の条件であり、それが守られれば改変や再配布も可能ということを意味します。

　著作物は、著作者が自分の作品を通して社会に何かを残したい、何かを伝えたいという想いから生まれるものです。作った苦労に報いる権利は保護しなくてはなりませんが、かといってすべての著作物に対して杓子定規に融通の利かない形で保護するのは、著作者の想いを阻害してしまうことにもなりかねません。著作物を的確な運用で的確に流通してあげることが、利用者だけでなく著作者にとっても理想なのではないかと思います。

1-3

情報モラル

入試問題を Check!

　SNSやメール，Webサイトを利用する際の注意や判断として，適当なものを，次の①〜⑤のうちから一つ選べ。

①相手からのメッセージにはどんなときでも早く返信しなければいけない。

②信頼関係のある相手とSNSやメールでやり取りする際も，悪意を持った者がなりすましている可能性を頭に入れておくべきである。

③Webページに匿名で投稿した場合は，本人が特定されることはない。

④SNSの非公開グループでは，どんなグループであっても，個人情報を書き込んでも問題はない。

⑤芸能人は多くの人に知られていることから肖像権の対象外となるため，芸能人の写真をSNSに掲載してもよい。

令和7年度大学入学共通テスト試作問題『情報Ⅰ』第1問(改)

　ネット上のトラブルから身を守るために必要な情報モラルに関する問題です。SNSやメールなどは自分と相手の実際の時間が異なる非同期のコミュニケーションのため、メッセージを送った相手に①のようなことは期待してはいけません。③はよくある誤解ですが技術的に可能であり、法的措置を取れば特定することは容易です。④は非公開のグループでも実際の参加者にどんな人がいるかをすべて具体的に確認することは困難なのでNGです。⑤は肖像権の侵害だけでなく、芸能人の場合はパブリシティ権の侵害にもなる可能性があります。

正解は②です。特にSNSでは「アカウント乗っ取り」と呼ばれるなりすましが横行しています。信頼している相手のアカウントでも、いつの間にか第三者から乗っ取られている可能性を考えておかなくてはなりません。相手からのメッセージなどがいつもと違うような印象を受けたら、電話など別の手段で確認するようにすることは、自分だけでなく相手をなりすましの被害から守るうえでも有効です。

正答は②

子供の世界の問題と思っていませんか？

インターネットの世界でのいじめや炎上、詐欺などの事件が後を絶ちません。スマホは小中学生も持つようになり、さらに「LINE」などのSNSが一般化したことで、こうした事件が起きやすくなりました。事件から身を守るためには、情報社会に対する正しい向き合い方、**「情報モラル」**を身につけることが必要です。

インターネットでのトラブルが低年齢層にも広がっていることを背景に、情報モラルは今では小学校の道徳教育にも取り入れられています。「子供にはちゃんと情報モラルを身につけてほしい」という想いは、どの親御さんにも共通する願いでしょう。

しかし情報モラルは、単に子供の世界の問題と片付けていいようには思えません。むしろ大人こそ、情報モラルを学ぶべきなのではないでしょうか。子供の世界で相次ぐ情報モラルの事件は、実は大人の情報モラルの欠如がもたらしたものではないかと思うのです。

特にネット詐欺などについては、子供より大人の方が危険です。大人の方がお金を持っているからです。ネット詐欺の多くは銀行やクレジットカード会社、国税庁などの組織を騙って行われます。いずれも子供にはほとんど縁がなく、大人しか接点がないような組織です。大人がみんな身構えができていれば、ネット詐欺はこれほどの問題にはならないはずです。

私の知り合いに情報モラル教育に精通した小学校の先生がいるのですが、彼は授業参観の日に敢えて情報モラルの授業を行うのだそうです。「大人こ

そ聞いてほしい」というのがその理由です。本書でも高校の授業に大人の方に参加していただく感覚で、情報モラルを解説していこうと思います。

基本は「リアルの世界と同じ」

◆インターネットは完全匿名ではない

インターネットの世界では、自分がなんとなく書いた言葉がきっかけとなって、誹謗中傷や炎上など大きなトラブルに発展することがあります。そんな事態につながるような書き込みをしないためにはどうすればよいか。一つの目安は、書き込み前に「リアルの世界でも同じ行動をするだろうか？」を考えることです。

人は自分の姿が相手に見られていないと思うと、なぜか相手に対して攻撃的になったり、無責任な行動を取ったりする傾向があります。企業のコールセンターでスタッフが対応に苦慮するような電話が少なくないのは、電話越しの相手が攻撃的になりがちだからではないでしょうか。顔は見えないけど声は届くコールセンターでさえそうなのですから、声も届かないインターネットだとなおさらです。しかし実際にはそんなに攻撃的な人ばかりではないはずです。

冒頭の入試問題でも解説しましたが、ネットの世界で完全匿名というのはありえません。「プロバイダ責任制限法」という法律で、誹謗中傷などに遭った被害者がインターネット接続業者に対し、書き込みの当事者の情報開示を要求できるようになっています。2020年にネット上で繰り返し誹謗中傷を受けていた女子プロレスラーが自殺した事件で、悪質な誹謗中傷を行っていた人物を特定し告訴することができたのは、この法律に基づいた手続きを取ったためです。プロバイダ責任制限法は2022年の改正で手続きが簡素化され、当事者の情報開示がしやすくなりました。

相手に面と向かって誹謗中傷の言葉を浴びせ続けるような人は、そんなにいるものでしょうか。匿名ではない、つまりリアルの世界と同じで顔も名前も常に相手に見られているという気持ちでインターネットに接すれば、ネットいじめのような問題は起こり得ないと思います。

◆一度立ち止まって考える

2024年元旦に発生した令和6年能登半島地震。第一報で大きな地震だったと分かった後、私は「ひょっとして今回も……」と嫌な予感がしていたのですが、その予感は当たってしまいました。インターネット上ではびこる「デマ」です。

根拠のない噂がインターネット上で拡散する事象は、特に大きな災害の時に起こりがちです。2011年の東日本大震災や2016年の熊本地震でも、「動物園からライオンが逃げた」、「原発で火災が起きている」みたいなデマが、写真付きで広がったのを覚えている方もいるのではないでしょうか。

災害時は誰もが不安になるものです。何が起きるか分からないため、偽の情報でも広がってしまう事象は、大正時代の関東大震災でも見られたと言います。しかし現代のデマが当時と異なるのは、インターネットで急速に拡散してしまうということです。今では生成AIでそれっぽい写真や動画を作れるようになったことも、デマを広がりやすくしています。

やっかいなのは多くの場合、拡散させた本人には悪意はないことです。むしろ「早く知らせないと！」という善意で広めてしまった場合がほとんどです。しかし結果的にはそうした善意の行動がデマの拡散を助けてしまっています。

デマ拡散を防ぐのに有効なのは、元の情報について「一度立ち止まって考える」ことです。条件反射的に拡散するのではなく、まず情報源が信頼できるものかを考える、複数の情報源から確認する、などの方法が効果的です。特に「友達が知り合いの知り合いという人から聞いたらしいんだけど」みたいに、元の情報発信者が不明確な情報は、デマと疑ってかかっても構わないでしょう。

災害の時にデマが広がりやすいのは、客観的な判断よりも「すぐに知らせなきゃ！」という思いが先行しがちだからです。逆を言えば、行動の前に客観的な判断ができれば、デマ拡散は自分のところで止めることができるわけです。

◆手口が巧妙になったネット詐欺

　立ち止まって考えることは、インターネット上の詐欺に対しても有効です。いわゆる振り込め詐欺は「明日までにお金が必要なんだ！」など急を要するふりをし、冷静に判断する時間を与えないようにしています。

　インターネット上での詐欺で後を絶たないのが「フィッシング」と呼ばれるものです。「有効期限を確認してください」などのメールで偽のサイトに誘導し、IDやパスワードを入力させて盗み取るという手口が典型的です。特に銀行やネット通販などお金がからむサービスをターゲットにしたものが多く、だまされるとお金を抜き取られたりします。

　フィッシングは海外が起点のものが少なくありません。そのため以前は誘導するメールの日本語のぎこちなさで判別できたのですが、現在は流ちょうなものが増えており、見分けがつきにくくなりました。メールの差出人アドレスやメール中にある誘導先のリンクでも見分けられるのですが、「amazon」を騙った「anazon」や「arnazon」（mではなくrとn）という事例も登場しており、画面上の小さい文字だけで区別することはもはや困難です。

　「一度立ち止まって考える」ことで、ほとんどの詐欺からは身を守ることができるはずです。例えば銀行からスマホにショートメールが来た時、すぐに反応せず「この銀行、ショートメールを使って連絡するとか言ってたっけ？」と冷静に考えるのが理想です。Amazonを名乗るところから「支払い方法を確認してください」というメールが来ても、

「最近何か買ったっけ？」

「決済完了のメールが来てなかった？」

「この送信先、Amazonに登録しているアドレスと違うぞ」

　みたいな判断ができれば、詐欺にはひっかからないでしょう。

　銀行など詐欺に悪用されやすい事業者は、ユーザーにたびたび警告を発し、詐欺の事例などを知らせています。そうしたお知らせに常に目を配るようにすることも、ネット上の詐欺から身を守るのに有効です。

個人情報の管理が厳しくなったワケ

◆情報の3つの特性「残存性、複製性、伝播性」

インターネットの時代になって特に騒がれるようになったのが「個人情報」です。個人を特定できる情報は、インターネット以前は存在しなかったわけではありません。昔でも帳簿のような形で個人情報を集めたものはありました。しかし今ではこれだけ扱いに注意を求められるようになったのは、個人情報がデジタル化したからです。

形があり目で見えるモノと違い、情報は残存性、複製性、伝播性という3つの特性を持ちます。「残存性」は物理的に壊すことができないという性質、「複製性」は簡単にコピーできるという性質、「伝播性」は第三者に容易に渡せるという性質です。

情報がアナログからデジタルに移行したことで、これらの特性がさらに強まりました。インターネット上に流出した情報はほぼ自動的に複製され続ける（複製性）ため、消すことはほとんど不可能（残存性）であり、あらゆる人の手に渡ってしまう（伝播性）わけです。

個人情報が流出すると、それを悪用する者によって架空請求を受けたりするだけでなく、犯罪に巻き込まれたり、ストーキングなどの危険にさらされたりする恐れがあります。流出した際の被害の大きさがアナログ時代とは比べものにならなくなったため、厳格な管理を要求するようになったのが「個人情報保護法」です。

◆氏名がなくても個人情報になりえる

個人情報保護法を考える前に、そもそも個人情報とは何かを整理しましょう。個人情報は「個人を特定できる情報」です。その情報があれば「この人のこと」と分かるような情報を指します。特に氏名、住所、生年月日、性別は、個人の特定が容易な「基本四情報」と呼ばれています。

しかし個人情報はこれだけとは限りません。「個人を特定できる情報」であれば、氏名がなくても個人情報になり得るケースがあります。例えば「yasunori@gihyo.co.jp」というメールアドレスは、gihyo.co.jpつまり「技

術評論社に所属するヤスノリ」という人物につながる情報と判断できるので、個人情報と言えます。情報の組み合わせ次第で意外なものが該当することがあるのが個人情報です。

◆個人情報保護法が求めていること

個人情報保護法は、その個人情報を扱う事業者に対して適切な管理を求めています。主な要求事項には以下のものがあります。

- 個人情報を取得する際はその目的を示すこと
- 本人の同意なしに目的外の利用や第三者への提供を行わないこと
- 本人から訂正や削除の求めがあれば応じること

それらを適切に守らなかったための罰則も設けられていますが、大規模な個人情報流出では損害賠償が行われることもあります。以前は、某通信事業者が個人情報流出時に対応した事例を参考に、1人あたり500円というのが相場でした。しかし個人情報に対する意識の高まりから、現在は訴訟に発展して高騰する傾向にあります。あるエステサロンの個人情報流出事件では、エステのサービス利用履歴という個人のセンシティブな部分にかかわる情報が含まれていたため、1人あたり数万円の損害賠償が支払われたそうです。

◆プライバシーの管理も重要

エステのサービス利用履歴のような個人の私的な情報「プライバシー」には、他人には知られたくない情報が含まれています。事業のために個人情報を活用する企業は、個人情報だけでなくそれにひも付いたプライバシーに対しても適切な管理が求められています。

そこで多くの企業が個人情報を収集するWebサイトに、「プライバシーポリシー」という形でプライバシーの管理方法を公表し、安心してWebサイトを使えることを宣言しています（図1.4）。

図1.4：技術評論社のプライバシーポリシーのページ

◆ 誰にでもある「肖像権」

　プライバシーに関連した権利に**「肖像権」**と**「パブリシティ権」**があります。「肖像」というと何となく有名な人にしか関係ないように思われますが、そんなことはなく、誰にでも肖像権はあります。勝手に人の写真を撮ってそれをネットなどで公開することは、その人の肖像権を侵害していることになります。公開された人の行動や思想などのプライバシーが、公開写真から伺えてしまうことがありえるからです。

静止画はもちろん、動画でも肖像権は発生します。スマホとSNSを使ったライブ配信が盛んに行われていますが、街角や施設で配信を行う場合は、他人が映らないようにするか、もしくは映りそうな人に許可を取る必要があります。実際に映ったことで問題にされるケースは少ないかもしれませんが、もし肖像権を盾にされると反論のしようがありません。

◆有名人がもつ「パブリシティ権」

一方、パブリシティ権は有名人が持つことのできる権利です。その人の名前や写真を使う権利を本人だけに認めるものです。勝手に自社の商品PRなどに使うと、その人が自分の意思に関係なくその商品を薦めているように見えてしまい、その人の思想というプライバシーを侵害してしまうからです。そもそもタレントなどは自分の写真や名前でビジネスを行っているので、勝手に使うことはビジネスを妨害する行為とも言えます。

2024年の初め頃、SNSではさまざまな有名人の名前と写真を使った投資詐欺広告が横行しました。これらは広告の内容が詐欺かどうか以前に、肖像権やパブリシティ権の侵害に当たります。名前と写真を使われていた有名人が広告を掲載していたSNSを訴えていますが、その訴状でも肖像権やパブリシティ権を理由に挙げているようです。

インターネットで自分の身を守るには？

◆「自己防衛」が前提

「日本では水と安全はタダ」という言葉を聞いたことがある方は多いと思います。日本は飲める水と安全な生活環境が当たり前のようにあることを表現した言葉です。

しかし国境に守られた日本と違い、インターネットの世界に国境はありません。米国では安全確保のために銃の保持が一般人にも認められているように、グローバルでは基本は「自己防衛」です。国境のないインターネットでは安全はタダではなく、インターネットに参加するなら自分の身は自分で守る気構えが求められるのです。

◆「パスワードをかけていない方が悪い」

　インターネットでは自己防衛が前提ということが如実に現れているのが、「不正アクセス禁止法」です。許可なく他人のコンピュータに忍び込んで情報を破壊したりする行為を禁じる法律です。

　この法律では「不正アクセス」を、次の2つの条件の下でアクセスする行為と定義しています。

①適切なアクセス制限が行われているコンピュータに
②ネットワーク経由で侵入する

という条件です。

　前者は、パスワードなどで部外者のアクセスを不可能にしているかという条件です。そうした設定を行っているにもかかわらず侵入されたならば、法律が保護してくれます。しかし何も行っていないならば、「パスワードをかけていない方が悪い」というのが不正アクセス禁止法の考え方です。

　後者も同様です。ネットワーク経由での侵入は侵入者の存在を目で見つけることができないため、法律によってそうした行為を禁じています。しかしネットワークを経由しない侵入、すなわち機密情報が入ったPCの前まで部外者の立ち入りを許しているのであれば、「そこまで侵入させた方が悪い」として、不正アクセス禁止法では面倒を見てくれないわけです。

　不正アクセス禁止法では、不正アクセスそのものだけでなく不正アクセスを助長するような行為も禁止しています。具体的には他人のIDやパスワードをネットの掲示板に書き込むような行為です。書き込んだ人自身は不正アクセスを行っていなくても、この法律によって罰せられます。

◆技術では防止できないソーシャルエンジニアリング

　ネットを安全に使うためのセキュリティ技術は日々進化を続けています。その技術については第4章で説明しますが、それでも自己防衛が求められるのは、技術ではカバーしようがないものがあるからです。

　例えば、パスワードを入力しているところを背後から盗み見されるよう

な行為（ショルダーハッキング）があります。パスワードは入力を伴うので、背後からの盗み見を技術的に防止することは不可能でしょう。こうした技術的には防止できない情報の盗み出し、逆に言えば盗み出す側は何の技術も必要としない盗み出しは、「ソーシャルエンジニアリング」と呼ばれます。

　ソーシャルエンジニアリングに該当する行為は他にもたくさんあり、例えば次のようなものです。

- ゴミ箱に無造作に捨てられた機密情報を拾い出す（スキャベンジングまたはトラッシング）
- 緊急事態を装ってパスワードを口頭で聞き出す
- 実際には行われていないプレゼント企画に「当選しました」と連絡し、送付先として個人情報を入力させる

　技術的に防止できないので、防ぐならやはり自己防衛しかありません。パスワードなど機密情報を入力するときは背後や横に誰もいないか、紙に書かれた機密情報は廃棄時にシュレッダーに掛けたか、などの対応で地道に防ぐことが必要です。

◆ターゲットを定めて襲ってくる「標的型攻撃」

　ソーシャルエンジニアリングの手法を使った攻撃の一つに、「標的型攻撃」があります。通常のネット詐欺は、「誰か引っかかれ！」と不特定多数に詐欺のメールを送ります。それに対し標的型攻撃は、最初から特定の相手を「標的」としており、そこに詐欺などの攻撃を仕掛けてくる点が大きな特徴です。

　以前、ある航空会社が、取引先を装った詐欺師から受け取った支払先変更のメールを信じ、億単位のお金をその詐欺師の口座に支払ってしまったという事件がありました。これだけ書くと「なんでそんな簡単な詐欺に引っかかったの？」と不思議に思う方がいるかもしれません。しかしその支払先変更のメールは、送信者である取引先担当者名、受信者である航空会

社の担当者名、請求の内容やタイミング、支払金額の規模などが、いずれも実際の取引情報を模した極めてリアルなものだったのです。受信者が偽の情報と気づけなかったのは、無理もなかったのかもしれません。

　内容がリアルな分、同じメールを他社に送っても通用しません。最初からこの航空会社だけに狙いを定めて準備してきた攻撃であることから、標的型攻撃と言われます。またこの場合、技術的な手法ではなく内容のリアルさで相手を陥れているので、ソーシャルエンジニアリングに分類できます。

　標的型攻撃は、詐欺をはたらく者から見ると事前の情報収集に手間がかかることから、大きな“報酬”を目当てに大企業を狙う傾向にあると言われてきましたが、最近は中小企業がターゲットになることもあるようです。企業規模に関係なく、標的型攻撃のことを常に頭に入れながら情報交換を慎重に行わなくてはならなくなったのです。企業の場でも必要なのは、やはり「自己防衛」です。

◆ネット犯罪に加担してしまわないために

　TVドラマなどの影響かもしれませんが、ネットで情報を盗み出す行為というと、暗い部屋で一人PCに向かい、ガチャガチャ操作しながら相手のコンピュータに侵入する様子をイメージする方が多いのではないでしょうか。しかしセキュリティ技術の進化に加えてユーザーのセキュリティ意識向上も進み、その場ですぐ侵入できるほど簡単ではなくなっています。

　そのため今のネットでの犯罪は組織化、分業化が進んでいます。何カ月も前からさまざまな方法で伏線を張り、相手を油断させながら侵入に必要な情報を徐々に収集します。先ほどの標的型攻撃のケースも、相手を信じ込ませるために実際の取引情報を集めており、それには長い時間や労力を要していたはずです。そして情報が十分集まったところでいざ侵入を仕掛けるという手口です。グループを組織し、それぞれが手分けして攻撃を試みています。

　侵入のルートが確保できたら、いよいよ情報を盗み出したり攻撃したりするところはアルバイトにやらせているのだそうです。もし足がついても

アルバイトまでしか捜査は及ばないので、主犯格のグループは生き延びられるというわけです。その構造は、振り込め詐欺での「受け子」と全く同じです。

　受け子としてネット犯罪に加担しないためには、怪しいアルバイトに飛びつかないようにしなくてはなりません。そして何が怪しいかを見きわめるには、ネットの詐欺や侵入がどのような手口で行われているかを知る必要があります。ネットの世界で犯罪の「被害者」にならないためだけでなく、「加害者」にならないためにも、ネットの世界を安全に渡り歩くための情報モラルを学ぶ必要があるのです。

「IoT」や「AI」を説明できますか？
情報技術の発展

▌入試問題を Check! ....

　次の生徒と先生の会話文を読み，空欄　ア　に入れるのに最も適当なものを，後の解答群のうちから一つずつ選べ

生徒：先生，ネット上で安否確認を行えるクラウドサービスが災害時に威力を発揮しているようですが，いつ頃から使われるようになったのですか。

先生：東日本大震災をきっかけに自治体での利用が広まったとも言われているよ。

生徒：それは　ア　からですか。

先生：それも理由の一つだね。加えて，運用コストも低く抑えることもできるし，インターネット回線があればサービスをどこでも利用できるからね。

解答群
①手元にデータをおいておけるため高い安心感を得られる
②手元にある機材を追加して自由に拡張することができる
③サーバを接続するプロバイダを自由に選ぶことができる
④サーバなどの機器を自ら設置する必要がない

『情報Ⅰ』サンプル問題第1問（改）

　情報技術にあまり関心のない方でも、「クラウド」という言葉を一度は聞いたことがあるのではないでしょうか。クラウドサービスは、情報システ

ムの機能をインターネット経由で使えるようにしたサービスです。

　メールシステムやオンライン会議、会計や顧客管理などをコンピュータ
で処理するためには、以前はユーザーである企業が自らハードウェアやソ
フトウェアで構成するシステムを用意し、管理する必要がありました。し
かしクラウドサービスはそのシステムを持つ必要がなく、サービスを提供
する事業者が用意します。ユーザーはそのシステムにインターネット経由
でアクセスして使うという形態です。したがって正解は④の「サーバなど
の機器を自ら設置する必要がない」です。

正答は④

モノが直接インターネットにつながる「IoT」

　情報Ⅰでは高校生が情報社会の中で活躍できるように、情報技術の進化
とそれに伴う社会の変化についても学びます。特に情報技術の象徴的な変
化として、教科書で大きな扱いをされているのが「IoT」と「AI」です。

　IoT（Internet of Things）は「モノのインターネット」と訳されます。機
械がインターネットに直接つながり、情報をやり取りする世界を表現した
言葉です。インターネットは従来、人が使うものでした。しかしIoTでは
人を介さず、機械と機械が直接インターネットでつながるという点に大き
な違いがあります。

　IoTが現実的になった要因は主に次の3つです。

- コンピュータの基本的な演算性能を提供する「プロセッサ」の小型化・
高性能化
- センサーの多様化
- 無線技術の進展

　プロセッサはコンピュータの"頭脳"とも呼ばれる部品で、小型化によ
って高性能なものでも機械に組み込むことが容易になりました。センサー
は温度や明るさだけでなく、今では加速度や距離、GPSによる位置情報な

ど種類が広がり、多様なデータを取ることができます。また無線技術の進化によってケーブルが不要になり、機械の設置場所に制約を受けることがなくなりました。

IoTは人を介さないので、人による判断や操作を待つ必要がありません。機械だけで判断と操作が完結する、つまり大幅な自動化が可能になるのがIoTの利点です。

◆ IoTが可能にした次世代の機器やサービス

IoTで可能になった機器やサービス例をいくつかご紹介しましょう。よく知られている機器に「ロボット掃除機」があります。自動的に床を這い回ってゴミを吸い取るロボット掃除機は、センサーで壁との距離などを測りながら家の間取り図を作成・記憶し、それに基づいて効率よく掃除していきます。一連の動作が自動化されているのは、IoTで間取り図作成や走行ルートの制御を行っているからです。

最近話題の自動車の自動運転もIoTによるものです。自動運転ではカメラやセンサー、GPSによる情報に加え、信号や標識、走行中の他の車から得た情報をもとに車が自らを適切に制御し、人による運転がなくても安全に走行できる世界を目指しています。

産業分野では、例えば工場での機械の故障予測にIoTを活用する取り組みが活発です。機械にセンサーを付けて動作中の振動や音を収集し、ネットワーク経由でコンピュータに集めて演算します。その結果が過去の故障時に類似しているようであれば、故障が近いとして保守担当者に通知し、部品交換などの対応を促すものです。機械に故障は避けられません。避けたいのは、突然止まって生産停止が長引くことです。予測ができれば故障に至る前に計画的に対応ができるというわけです。

◆ クラウドがIoT活用を加速した

その他にもいろんな機械やサービスでIoT活用が広がっていますが、それを加速させた要因の一つが、本節冒頭の入試問題で解説した「クラウドサービス」です。

　IoTでは機械の内蔵するプロセッサが外部と情報をやり取りしながら、必要な演算処理を行います。しかし小型化・高性能化が進んだとはいえ、内蔵のプロセッサだけですべての処理を完結することは困難です。用途に応じてシステムをバージョンアップしたくても、すべての機械のプロセッサのソフトウェアを更新するのは無理があります。やはり機械全体を統括するコンピュータが必要です。

　本節冒頭に書いたようにクラウドは、クラウドサービスを提供する事業者が用意したシステム上で処理を行います。そのため高度な演算処理を要する部分は、高性能なコンピュータを配置できるクラウド側で行うというシステムにすることで、高度な機能を機械に提供できるようになったわけです。さらに現在では、クラウドと機械の間に中間処理機能を設けて三層構造にした「エッジコンピューティング」という形態も登場しています。

AIがシステムの高度化を加速させた

◆AIは一過性のブームに終わった時代も

　IoTとともに情報社会の大きな変化をもたらしているのがAI（人工知能）です。その名の通り人工的に作られた知能であり、人間の頭脳のようにさまざまな問いかけに答えを返す技術です。「ChatGPT」など生成AIが大きな話題を呼んだこともあって、AIの認知度は急激に高まっています。

　AI自体は、特に新しい技術というわけではありません。AIという考え方は1950年代から存在しました。当時から機械が人間の頭脳を置き換えるという考え方は大いに注目され、何度か盛り上がりを見せたのですが、コンピュータの性能や適用業務の狭さからいずれも一過性のブームに終わっていたのが実情です。

　総務省ではAIの発展過程を、1950年代から1960年代にかけての第一次ブーム、1980年代の第二次ブーム、2000年代からの第三次ブームと分類しています。そのように分類できるということは、ブームが長続きしなかったことの表れとも言えます。

　ブームが長続きしなかった理由の一つとされるのが、ルール定義の複雑

さにあります。AIは端的に言ってしまえば一種の「関数」です。何か情報を入力すれば、関数として定義した計算式、言い換えれば所定のルールに基づいてそれを処理し、出力する技術だからです。AIを作るならばその「所定のルール」をあらかじめ人間が定義し、コンピュータで使えるようにプログラミングしなくてはなりません。しかし人間の頭脳が行う多様な判断をすべて定義するのは限界があり、それをプログラムにするとなるともっと大変です。

1990年代後半にはその課題を解決する**「機械学習」**が登場し、第三次ブームが到来しました。人がルールを作って機械に教え込むのではなく、機械が自ら学習してルールを作るというのが機械学習です。これによりルール作りは容易になりましたが、それでもAIがルールを作り上げるまでには、膨大なサンプルデータを用意してあげなくてはならないことがネックでした。

◆ディープラーニングが突破口に

その課題を解決したのもIoTです。IoTの機能を持った機械は稼働中、自動的にデータを出力し続けます。このデータをインターネットを使ってかき集めることで、リアルなデータを大量に得ることが容易になったわけです。

さらに大きな進展となったのが**「ディープラーニング」**の登場です。ディープラーニングは機械学習の発展形とも言えるもので、ルールの鍵となる情報（特徴量と呼ばれます）を自ら見つけ出すので、少ないデータでもルールを作り上げることが可能になったのです。

ディープラーニングは画像認識や音声認識などの分野で大きな力を発揮しています。かつての音声認識は、話しかける人が変わると途端に認識の精度が落ちたりすることがありました。しかしディープラーニングによりその問題は解消するとともに、AIからの音声出力時も自然な日本語をしゃべるようになりました。ディープラーニングで実現した機能を搭載したAIが随所に使われるようになったことで、AIは再びブームになっているのです。

国が進める「Society 5.0」

◆社会全体が自律的に改善される「スマートシティ」

　機械がインターネットとつながって自ら情報をやり取りするIoTが普及すれば、現実の世界で起きていることをセンサーでまるごとデジタル化し、コンピュータ上で再現することが可能になります。さらにその再現した情報をAIで適切に分析し、理想的な制御を見つけたらIoTでフィードバックし、それに基づいて機械を動かすようになると、現実世界が自律的に改善され続けるようになります。

　このような世界は「スマートシティ」と呼ばれ、地域単位で目指す取り組みがいくつか行われています。例えばセンサーで検知した人の流れに応じてバスやタクシーの配車を最適化する取り組みや、電力の需給状況によって電力料金を調整することでCO_2排出量削減を目指す取り組みなどがあります。

　これを国レベルで推進しようという構想が、政府が主導する「Society 5.0」です（図1.5）。IoTで人や地域を隔てる壁をなくし、国全体で知識や情報の共有を進めるとともに、AIの活用で新たな発見や付加価値創造を推進しようというものです。それにより少子高齢化や地球温暖化、労働力不

図1.5：国が進める「Society 5.0」の全体像

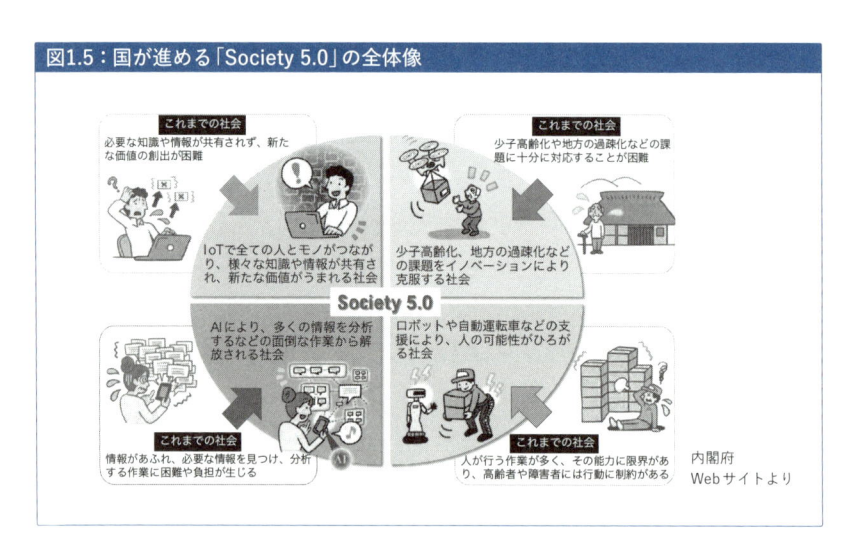

内閣府
Webサイトより

足などの社会課題を解決することを目指しています。

　少子高齢化は日本に限らず先進国に共通する課題ですが、日本は先進国の中でも最も早く少子高齢化が進む国とされています。その日本が少子高齢化対策の一つとして位置付ける Society 5.0 には、他の先進国も注目しています。

◆情報社会の「影」の部分

　一方、急激な情報社会の進展には「影」の側面もあることは否めません。新しい情報機器を使う日常に慣れないことから来る体調不良などの「テクノストレス」、逆に一日中スマホを使い続けて睡眠不足になり、日常生活にまで影響が及ぶようになる「テクノ依存症」などがあります。いずれも、その症状に自分自身では気づきにくいという点が対処の難しいところです。常に適度な利用にとどめるとともに、周りの人から自分の異常を指摘されたら早めに医療機関を受診するなどの対応が必要です。

　社会全体では、情報機器を十分使えるかどうかによって経済的な格差が生まれてしまう「デジタルデバイド」の問題も浮上しています。情報機器を使いこなせるのが理想なのは確かですが、第2章で取り上げる「ユニバーサルデザイン」などの工夫で、情報機器の使いやすさや情報へのアクセスしやすさを追求し、過度な格差を生まないための配慮も求められます。

◆2045年の「シンギュラリティ」

　AIの急激な発展で「AIが人間の仕事を奪う」というショッキングなタイトルが、ニュースを賑わしたことがありました。AIが進化した結果人間の知性を超えることは「シンギュラリティ」と呼ばれ、専門家の分析ではその到来時期を「2045年」とする声が大きいようです。シンギュラリティが来ると、AIは人間の力を頼らずとも自ら発展し続けることができるので、人間がAIに代替されてしまうというわけです。

　そんな時代が来ても人間が活躍し続けるにはどうすればよいか、いろいろな議論がなされていますが、一つの方法は「AIに『使われる』側ではなく、『使う』側にまわる」ことではないでしょうか。AIが世界を席巻して

も人間が絶滅するわけではない以上、AIを使う人間は必ずいるはずです。AIの結果を受けて動くのではなく、AIの性質を正しく理解したうえでAIに命令する側に立てば、AI全盛の社会でも価値を発揮し続けることができるはずです。

　AIを正しく理解するには、AIが計算対象とするデジタルデータに関する知識、データを処理するプログラムや分析手法、求める結果を導き出すシミュレーション手法などの知識が必要になります。それらがすべて盛り込まれているのが、高校の「情報Ⅰ」なのです。

個人情報保護法改正で変わった「Cookie」の扱い

Webサイトを訪れた際に「サイトの利便性向上のためCookieを使用しています」というメッセージが出て、同意を求められたことはないでしょうか。これは2022年4月から施行された改正個人情報保護法の影響によるものです。

Cookie はWebサイト閲覧時に、その時の設定や履歴などの情報をユーザーのコンピュータに保存する仕組みです。Cookieを利用することにより、後日そのサイトを再び閲覧した時にログイン状態などWebの設定を維持でき、使いやすくなります。

1-3節でも示したように個人情報は「個人を特定できる情報」です。その定義からすると、単なる設定情報のCookieは個人情報ではなく、個人情報保護法の対象にもなりえません。しかし他の情報と組み合わせると、個人を特定することが可能になることもあります。そこで一般的な個人情報同様にCookieの取り扱いについても、厳密な管理を求めるようになったのが改正後の個人情報保護法です。具体的には、第三者への提供についてあらかじめ同意を取ることなどを規定しています。

Cookieの取り扱いに注目が集まるようになった背景には、日本国内のある就職支援会社が登録者のCookieを事前同意なしに他社に提供していた事件があります。しかしEU（欧州連合）圏内ではその事件以前から、Cookieの扱いに規制をかけていました。個人情報保護法の改正は事件がきっかけというよりも、グローバルの流れに沿ったものなのです。

IoTが攻撃の新たなターゲットに？

IoTは機械が直接インターネットにつながる世界を実現しました。大幅な自動化などさまざまな効果をもたらしましたが、その一方で懸念されているのがセキュリティのリスク拡大です。

IoTは演算処理などを提供する小さなコンピュータにより実現しています。コンピュータである以上そこにはソフトウェアや記憶装置があり、しかも通信機能を持っているので、普通のPCなどと同様にウイルスを送り込まれたり不正アクセスを受けたりするリスクがあるのです。リスクが表面化した事例には、Webカメラの映像が勝手に公開されたケースや、IoTでつながった機器の先にあるサーバに部外者がアクセスしたケースなどがあります。

IoTがやっかいなのは、人を介さない分、被害が大きくなるまで気づかれにくいという点です。またPCと違って耐用年数が長いものが多く、その間細かいメンテナンスもされない傾向にあります。そのため、修復されていない古いソフトウェアがずっと使われがちなことも、IoT機器がセキュリティ面で不安視される理由です。

ウイルスを送り込まれたIoT機器の中には、犯罪者の手先となってセキュリティ事件に加担してしまうことさえあります。ウイルスに感染した多数のIoT機器が一斉に特定のWebサイトにアクセスし、そのサーバの処理機能をパンクさせるような事件が実際に起きています。

国境のないインターネットには常にセキュリティのリスクがつきまといます。それは人が使うPCだけでなく、人を介さないIoTでも共通なのです。

第2章
コミュニケーションと情報デザイン

メディアとデザインは使い分けが肝心
コミュニケーション手法

▌入試問題を Check!

　次の文を読み，空欄 　ア 　〜 　ウ 　に入れるのに最も適当なものを，後の解答群のうちから一つずつ選べ。

　情報を整理して表現する方法として，アメリカのリチャード・S・ワーマンが提唱する「究極の5つの帽子掛け」というものがある。これによれば，情報は無限に存在するが，次の5つの基準で情報の整理・分類が可能という。

- 場所……物理的な位置を基準にする
    - 例：都道府県の人口，大学のキャンパスマップ
- アルファベット……言語的な順番を基準にする（日本語なら五十音）
    - 例：辞書，電話帳
- 時間……時刻の前後関係を基準にする
    - 例：歴史年表，スケジュール
- カテゴリー……物事の差異により区別された領域を基準にする
    - 例：生物の分類，図書館の本棚
- 階層（連続量）……大小や高低など数量的な変化を基準にする
    - 例：重要度順のToDoリスト，ファイルサイズの大きい順

　この基準によれば，図1の「鉄道の路線図」は 　ア 　を基準にして整理されており，図2のある旅行会社のWebサイトで提供されている「温泉がある宿の満足度評価ランキング」は 　イ 　と 　ウ 　を基準に整理・分類されていると考えられる。

解答群

①場所　　　　②アルファベット　　③時間

④カテゴリー　　⑤階層（連続量）

図1　鉄道の路線図

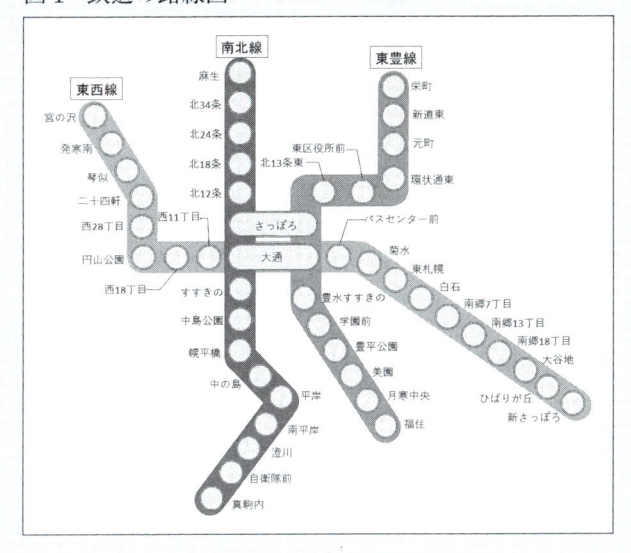

図2　温泉がある宿の満足度評価ランキング

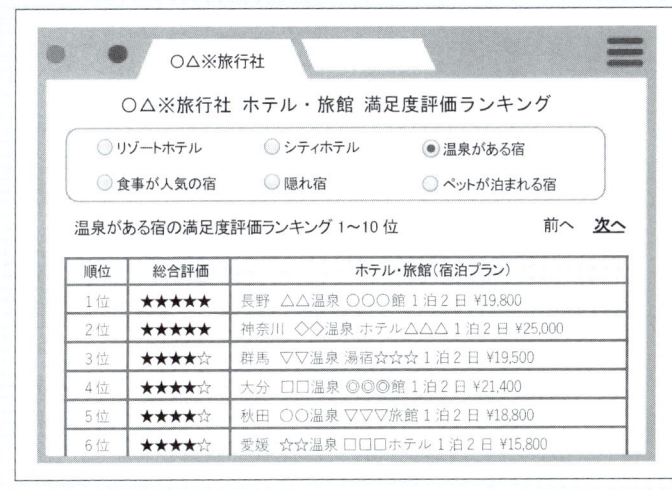

順位	総合評価	ホテル・旅館〈宿泊プラン〉
1位	★★★★★	長野　△△温泉 ○○○館 1泊2日 ¥19,800
2位	★★★★★	神奈川 ◇◇温泉 ホテル△△△ 1泊2日 ¥25,000
3位	★★★★☆	群馬　▽▽温泉 湯宿☆☆☆ 1泊2日 ¥19,500
4位	★★★★☆	大分　□□温泉 ◎◎◎館 1泊2日 ¥21,400
5位	★★★★☆	秋田　○○温泉 ▽▽▽旅館 1泊2日 ¥18,800
6位	★★★★☆	愛媛　☆☆温泉 □□□ホテル 1泊2日 ¥15,800

令和7年度大学入学共通テスト試作問題『情報Ⅰ』第1問 問4

　情報を正しく、分かりやすく相手に伝えるための「**情報デザイン**」に関する問題です。「鉄道の路線図」や「温泉がある宿の満足度評価ランキング」が、どういう基準で情報の整理・分類を行っているかを問うものです。

　まず鉄道の路線図ですが、駅の相互の位置関係を図にしたものですから、①の「場所」基準による整理と言えます。路線図は一種の地図ですから、場所の例にキャンパス"マップ"という説明があるのに気づけば簡単かと思います。

　温泉がある宿の満足度評価ランキングは、「温泉がある宿」の他に「リゾートホテル」や「シティホテル」の分類が用意されており、その分類ごとに総合評価の大きい順に並べられています。つまり分類と大小の2つの基準で整理されているので④の「カテゴリー」と⑤の「階層（連続量）」が正解です。

正答は①、④⑤

相手によって手段や表現を使い分ける

　第1章でも記したように、情報Ⅰの大きなテーマの一つは「問題解決」です。問題解決では多くの関係者を納得させ、解決のための活動に巻き込んでいく必要があります。ビジネスの現場ではそのために提案書を作ったり、プレゼンに備えたりします。しかしその内容が、数字がなく具体性に欠けたものだったり、数字があってもただ羅列しているだけだったり、写真があれば明確に分かるものを延々と文字で説明したりなど、伝え方が適切でないために意図が伝えられないというケースがあるのではないでしょうか。

　問題解決に限らず、何かを知らせたい場合や、何かを記録に残しておきたい場合など、情報を正しく伝えることが求められるシーンは多々あります。そのシーンの特性に合わせて、伝える手段や表現を的確に選択することを目指すのが、本節のテーマです。

メディアの分類

◆道具と手法と技術

まず情報を伝える手段について考えてみましょう。情報を伝える手段は「メディア」と呼ばれます。メディアは大きく次の3つに分けられます。

- 情報メディア
- 表現メディア
- 伝達メディア

「情報メディア」は、情報を伝える「道具」を指します。例えば新聞やテレビ、ラジオや電話などです。情報を載せる媒体であり、PCやスマホも情報メディアと言えるでしょう。

「表現メディア」は、情報を伝える「手法」です。道具の上に、どういう方法で情報を表していくかを示すものです。具体的には文字や音声、写真や映像などが相当します。

「伝達メディア」は、情報を伝える「技術」です。道具の上に表現した情報を、どのような技術を使って伝えていくかというものです。新聞の場合は紙とインク、テレビは電波、電話は電気信号になります。

実際のメディアはこれらを組み合わせることでできあがっています。書籍なら情報メディアは本、表現メディアは文字、伝達メディアは紙とインクです。Webサイトならそれぞれ、PCやスマホ、文字や写真、電気信号と言えます。

メディアは情報を送る相手や目的に応じて適切に使い分けることが必要です。例えば楽曲の場合、聴衆に聞かせたいならば楽器で演奏することで目的は達成できます。しかし「他の演奏家にこの楽曲を演奏してほしい」という場合は、演奏した音だけ聞かせても演奏家は困るでしょう。楽曲を正しく奏でてもらうならば、「譜面」という情報メディアに「音符」という表現メディアで記述した形で伝えなくてはなりません。

◆一方向か、双方向か ─情報メディアの特性

　メディアを使い分けるために、それぞれのメディアについて具体的な特性を知っておきましょう。

　まず「道具」である情報メディアには、情報の発信者と受信者の関係が一方向か双方向かという特性があります。

　多くの人に一度に多くの情報を伝えたいという一方向の情報提供であれば、受信者からの情報発信は不要です。多くの人に一気に情報を届けられる新聞やテレビ、書籍のようなメディアが効果的です。

　しかし発信者が受信者とやり取りしながら情報を作り出したいというような場合は、受信者からも情報を発信できる双方向のメディアが必要です。具体的にはPCやスマホを使ったサービスになるでしょう。

◆詳細か、概略か ─表現メディアの特性

　文字や画像といった表現メディアでは、詳細に伝えるものか概略が分かれば事足りるのかによって使い分けが必要です。

　詳細に伝えるならばやはり文字が適当でしょう。例えば法律が文字で記述されているのは、さまざまなケースについて詳細にルールを定義しなくてはならないからです。

　一方、概略だけ分かればいいというなら、画像を使うことが可能です。例えば街と街の位置関係を示すなら、画像である地図が効果的です。受信者が情報を頭から読み込んでいかなくてはならない文字と違い、画像は一目で情報を認識できます。また機械の操作手順のように動作を含む情報を伝えるなら、画像よりも動画が適しています。

◆誰でも使えるか、保存可能か ─伝達メディアの特性

　伝達メディアは、誰でも使える必要があるか、長期間の保存が必要かという点などがカギになります。

　後者であれば、デジタルで記録されたメディアが適当です。例えば写真の場合、紙にプリントした写真は年月が経つにつれて色が劣化していきますが、デジタルの写真やWebサイトは、長期間保存しても劣化することが

ありません。通信を使えば場所を問わず共有することもできます。

　一方で、デジタルで記録したメディアを使うためには、スマホなどの情報機器が情報メディアとして必要です。情報機器は使いやすくなったとはいえ、あらゆる世代の人が使いこなしているとは言えません。あらゆる世代に情報を提供したいのであれば、伝達メディアは旧来の紙のメディアにならざるを得ません。その代わり、デジタルのような保存の利便性は失われます。

　万能なメディアはなく、どれを選択するにしても一長一短はあります。何を求めるかによって適切なメディアを選択することが、情報を適切に届けるために必要なわけです。

コミュニケーションの形による特性

◆ 1対1か、1対多か、多対多か

　情報の伝達に際しては、コミュニケーションの形も考慮すべきポイントです。コミュニケーションの形は、人数や接し方、時間軸などにより分類されます。

　人数による分類は、発信者と受信者それぞれの人数の違いによる分類で、1対1、1対多、多対多などがあります。

　1対1は対面での打ち合わせのような形式です。双方向の濃密なコミュニケーション向きで、秘密の情報を扱うのにも適しています。半面、情報を届けられるのが相手1人に限られてしまいます。

　1対多はセミナーや発表会、学校の授業のような形式です。情報を一度に多くの参加者（情報の受信者）に届けられるというメリットがありますが、情報提供が一方向になりがちです。

　多対多の典型は会議です。参加者が自由に発言しやすいので多くの意見を集めることが可能です。半面、意見が多すぎて結論がまとまらないとうことも起こり得ます。

◆直接向き合うか、間接的に向き合うか

　接し方による分類は、発信者と受信者が「直接」向き合うか、電話やインターネットなどの道具を介して「間接」的に向き合うかの違いです。

　直接向き合うと相手の表情や気配も分かり、それに応じた情報交換が可能ですが、同じ場所に集まる必要があります。その点、間接でのコミュニケーションは場所を問いませんが、相手が見えないため誤解が生じたりするかもしれません。

◆同期型か、非同期型か

　時間軸では「同期型」か「非同期型」に分類されます。同期型は参加者が同じ時間に集まる形です。リアルタイムでやり取りできるので情報の伝達が早く進みますが、時間的な制約を受けます。非同期型はメールのように情報を発信した時間と受信する時間が異なる形で、時間の制約はない代わりに議論の進行が遅くなります。

　新型コロナウイルス感染症の流行をきっかけにオンラインミーティングが一般化し、「間接」でも「直接」に近いコミュニケーションが可能になるなど、インターネットによってコミュニケーションの形は変化しています。しかし情報伝達の目的次第で最適な形を選ぶという基本姿勢は変わりません。

◆ソーシャルメディアの光と影

　オンラインミーティングに限らず、インターネットはコミュニケーションの選択肢を拡大させました。場面に応じてさまざまなコミュニケーションを使い分けられるようになりましたが、半面、注意しなければならないことも増えています。

　第1章でも示したように、情報は残存性（壊せないこと）、複製性（簡単にコピーできること）、伝播性（容易に渡せること）という3つの特性を持っています。デジタル化した情報を扱うインターネットではこれらの特性がさらに強められており、誰にでも情報が渡ってしまうようになったのです。インターネットは確かにコミュニケーションの可能性を広げましたが、

情報の取り扱いはむしろ難しくなりました。

　その典型がソーシャルメディアです。誰でも動画でライブ配信という昔では考えられなかったコミュニケーションが可能になった半面、背景にわずかに映った景色から住所といった個人情報が漏れるなど、リスクは常につきまといます。ソーシャルメディアは確かに有用なメディアであり、積極的に活用すべきとは思いますが、影の部分にも留意しながら使うべきでしょう。

メディアを正しく活用する「メディアリテラシー」

◆情報を客観的に評価する

　適切なメディアを使い、適切なコミュニケーションの形で情報をやり取りしても、それでも誤解はなくなりません。原因の一つは、受け取った情報の「とらえ方」に対する能力不足です。情報を正確にとらえるためにメディアを正しく活用する能力は「メディアリテラシー」と呼ばれます。

　メディアリテラシーとして身につけたい能力の一つは、「情報を鵜呑みにしないこと」です。情報発信が新聞やテレビなどのマスコミに限られていた時代と違い、現在はインターネットで誰もが全世界に情報を発信できます。新聞社やテレビ局といったチェック体制が整った母体から発信される情報と違い、個人でも発信できるインターネットはどうしても信憑性の怪しい情報が混じってしまいます。そうした背景を考えずに一律に情報を受け取ると、第1章で見たような「デマ」に流されるようなことも起こり得るのです。

◆情報の見せ方にも注意する

　情報自体は正しくてもその表現方法にだまされてしまうこともあります。例えば次ページの図2.1の場合、左のグラフを見ると確かに大きく値下げされたように見えます。しかしよく見ると左のグラフは縦軸が900から始まっています。上の部分だけ拡大しているのであり、大きく下がったように見えているだけなのです。900ではなく0を基準にすると、実は右のよう

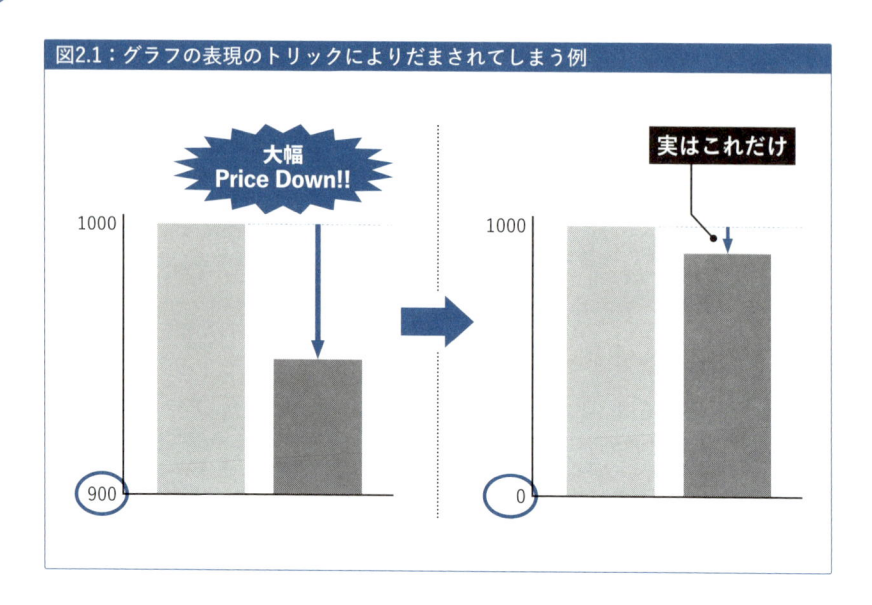

図2.1：グラフの表現のトリックによりだまされてしまう例

に値下げ幅はわずかなのかもしれません。これではとても「大幅」と言えるものではないでしょう。

　表現だけでなく、前提条件が異なるものを比較している例も見受けられます。私が以前見たケースは、ある電力会社の料金改定のチラシでした。改定により値下げになることをグラフでアピールしているチラシでしたが、「ホント？」と思ってよく見ると、改定前は電力＋ガス、改定後はオール電化で計算した料金で、計算根拠となる前提が違っていたのです。グラフが値下げを示しているのは、今回の改定による効果ではなくオール電化導入の効果であり、前提をオール電化に揃えて計算すると、むしろわずかに値上げだったのです。

「そんな小手先のトリックに引っかかることなんてない」とあざ笑う方もいるでしょう。しかし特にインターネットで提供される情報には、なぜか条件反射的にそのまま受け取ってしまう人が少なくありません。それは第1章で取り上げたデマ拡散の例からも分かります。

　見聞きした情報をそのまま信じるのではなく、客観的に評価する能力がメディアリテラシーです。情報を評価するためには、複数の情報源にあたる、情報源が信頼できるところか確認する、数字なら自分でも計算して検

証してみることなどで、能動的にその真偽を確認することが必要です。そのうえで、受け取った情報に基づいた行動をすればいいわけです。

◆情報発信の影響を予測する

　メディアリテラシーには情報を受け取る際の能力だけでなく、情報を発信する際の能力も含まれます。発信時に求められる能力は、情報発信がもたらす影響を事前に予測することです。

　偽の情報を発信してはいけないことは言うまでもありませんが、正しい情報であっても発信しない方がいいことは少なくありません。会社で言えば、例えばある事業について打ち切りが社内で検討されているというような情報がそれに当たるでしょう。打ち切りの検討が事実としても、それをむやみに社内外の関係者に伝えてしまうと混乱を招いてしまいます。公開は、打ち切りが正式に決まり、利害関係者の合意を取って、発表しても混乱する恐れがなくなった後にすべきです。

　条件反射的に公開するのではなく、一度立ち止まって客観的に評価することが重要なのは、情報を受け取る際のメディアリテラシーと共通しています。

情報を見せる工夫「情報デザイン」

◆目的を考えてデザインする

　情報を伝達するのに最適なメディアを選択したとしても、その情報の中身が分かりにくいものでは意味がありません。情報伝達は相手に理解してもらうことができて初めて意味を持つものになります。相手に伝えるために情報をどのように加工し、どう見せるかを考えるのが「情報デザイン」です。

「デザイン」というと、色を工夫したりすることをイメージする方が多いかもしれません。もちろん情報デザインで考えるポイントには適切な色の使い分けも含まれますが、情報デザインではコミュニケーションの目的を第一義に考えます。伝える内容が同じでも、コミュニケーションの目的に

応じて最適な整理法や表現法を追求するのが情報デザインです。

　最適な情報デザインを考えるためには、まず伝えたいポイントを明確にすることが必要です。そして相手から見た時にそのポイントにフォーカスがあたるように図や文字を組み立てていきます。それにより、真に効果的なコミュニケーションが実現するというわけです。

◆特徴を浮かび上がらせる「抽象化」

　情報デザインの主な手法には、「抽象化」、「可視化」、「構造化」の3つがあります。

「抽象化」は、伝えたい情報の中で特徴的なところを強調する一方で、それ以外の部分を簡略化することで、特徴を浮かび上がらせる手法です。情報には目的に関係しない余計なところが含まれます。その余計なところを切り取ることで、特徴だけを相対的に強調しようというものです。

　抽象化の代表例が「ピクトグラム」です。ピクトグラムは、言葉を必要とせずに図だけで意味を十分伝えることのできる記号です。有名なピクトグラムの一つは、非常口の場所を示すものでしょう。明るい部分に向けて人が走り出している絵から、「非常時はここから外に出られる」ことを示すのに十分な情報を、言葉抜きで表現しています。また2021年の東

図2.2：非常口を示すピクトグラム

京五輪でも、各競技を表すピクトグラムが使われたのも記憶に新しいところです。

◆視覚的に表現する「可視化」

「可視化」は、データの大小や位置関係などを視覚的に再現する方法です。数字を単に羅列するのではなくグラフを使って表現したり、作業手順を文字で列記するのではなくアイコンと矢印で表現したりする手法は、可視化

を取り入れたものと言えます。

　図2.3は、総務省統計局が統計情報サイト「統計ダッシュボード」(https://dashboard.e-stat.go.jp/) で提供している世界の人口を表した世界地図です。単純に国別の人口を数字だけで表すのではなく、円の大きさで視覚的に表現しています。この図はWeb上では1950年からの時系列変化をアニメーションで表しているので、地図情報と組み合わせてどの地域で人口が拡大しているかもひと目で分かります。

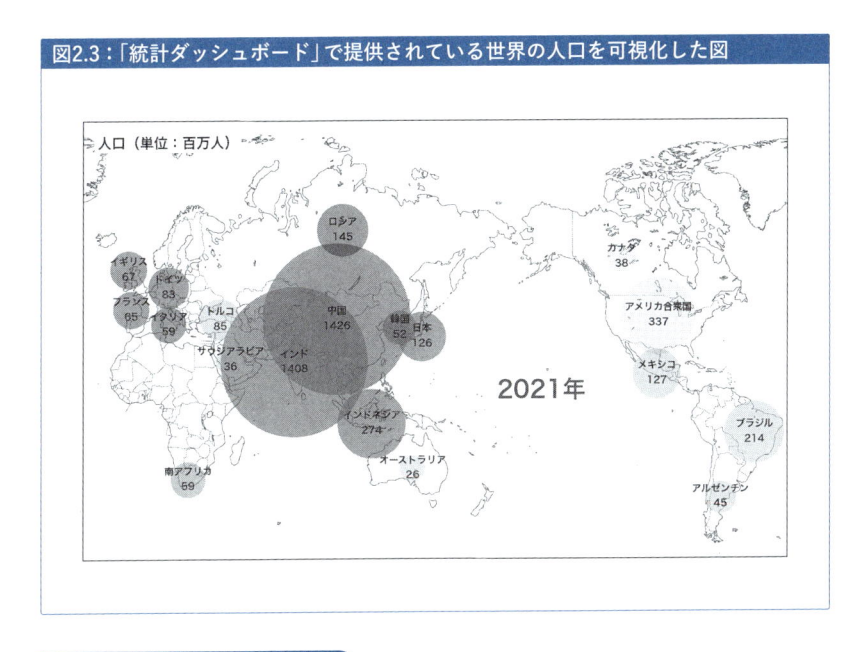

図2.3：「統計ダッシュボード」で提供されている世界の人口を可視化した図

序章　「情報」はこんな教科

第1章　情報社会の問題解決

第2章　コミュニケーションと情報デザイン

第3章　コンピュータとプログラミング

第4章　情報通信ネットワークとデータの活用

◆情報を整理する「構造化」

　「構造化」は、情報をいくつかのグループに分けて整理する方法です。個々の情報をすべて横並びにするのではなく、関係が深いもの同士でグループ化し、さらにそのグループ同士をグループ化というように何階層にも分けてくくっていくものです。大きな分類から小さな分類へたどっていくことができるようになるので、情報量が多い場合でも必要な情報を探しやすくなるなどの効果があります。

　企業で言えば、組織がまさに構造化の典型でしょう。次ページの図2.4のように「営業本部」の中に「本社営業部」「関西営業部」「北日本営業部」

などがあり、それぞれの下にその地域の顧客別や製品別の営業組織がある
ような形は、営業組織が構造化されていると言えます。ちなみにこの本の
内容も、第1章から第4章までに分類した後、第1章の中で「問題解決」
「知的財産権」などの節に分類しているので、構造化の例になります。

図2.4：企業の組織構造も「構造化」の例と言える

営業本部	本社営業部	特販営業課
		代理店営業課
		ソリューション企画課
	関西営業部	機器営業課
		ソフトウェア営業課
		営業企画課
	北日本営業部	東北営業課
		北海道営業課

　情報デザインの目的は、相手にとって分かりやすく、探しやすい形で情
報を届けることです。相手がどのような情報の探し方をするのか、どんな
ふうに情報を認識するのかを的確に想像してあげることが、効果的な情報
デザインを作り上げる第一歩と言えます。

相手を考えた情報発信方法

◆すべての人に分かりやすい「ユニバーサルデザイン」

　情報を伝えたい相手を考えるうえで、もう一つ考えなくてはならないこ
とがあります。それは、相手の年齢や身体的特徴、国籍などの「属性」を
踏まえた情報の提供の仕方です。

　適切なコミュニケーションの形と、情報の探し方に配慮した情報デザイ
ンを工夫しても、情報を受け取る上での前提条件が相手と自分で違うと正
しく伝わらないかもしれません。高齢者や外国人観光客の増加などで多様
な相手とコミュニケーションする場面が増え、もはや自分の目線だけで情

報の提供方法を考えるわけにはいかなくなりました。

　そこで、すべての人に分かりやすい形を追求しようというのが、「**ユニバーサルデザイン**」という考え方です。ユニバーサルデザインには7原則と呼ばれるものがあります。

①誰でも公平に利用できる
②自由度が高い
③簡単で直感的
④すぐに理解できる
⑤ミスが危険につながらない
⑥体にかかる負担が少ない
⑦使いやすいスペースや大きさ

　例えば情報機器のデザインであれば、充電などに使用するUSB端子でユニバーサルデザインの工夫が見られます。小型の電子機器などに使うUSBの端子は、従来は図2.5の右のようなものが主流でした。「Micro USB Type-B」と呼ばれるこの端子は台形状をしているため、上下の向きが正しくないと挿すことができません。一方、現在普及が進んでいる左の「USB Type-C」は上下対称で向きを問いません。目を凝らして端子の向きを確認しなくてよくなった点からして、7原則の③や④に則ったユニバーサルデザインと言えるでしょう。

図2.5：USB端子に見るユニバーサルデザイン

左のUSB Type-Cは上下の向きを問わない

◆使いにくさを取り除く「アクセシビリティ」

　ユニバーサルデザインの中でも、特に身体的な理由による使いにくさを取り除く考え方が「**アクセシビリティ**」です。情報への「アクセスのしや

すさ」を追求するもので、高齢者向け携帯電話の大きなボタン、Webサイトで画像に説明文を埋め込むことで読み上げを可能にするデザインなどは、アクセシビリティに配慮した例です。

　第1章の情報モラルの節でも述べましたが、インターネットの世界には国境がありません。インターネットでは情報を伝えるべき相手が、現実の世界とは比べものにならないほど多くなります。相手の関心や属性に常に関心を持つことの重要性が一層高まっているというわけです。

デジタルの本当の意味を知っていますか？

アナログとデジタル

┃ 入試問題を Check! ┈┈┈┈┈┈┈┈┈┈┈┈┈┈┈┈┈┈┈┈┈┈

次の会話文を読み，空欄 ｱ ， ｲ に当てはまる数字を答えよ。

生徒：先日，ＳＯＳのモールス信号を教えてもらいました。

先生：船舶などで昔使われていた短い符号のトン（・）と長い符号の
　　　ツー（－）だけで文字や数字を表すものだね。

生徒：ＳＯＳは，トントントン　ツーツーツー　トントントン
　　　（・・・－－－・・・）で表現するんですね。なんか２進法み
　　　たい。

先生：トン（・）とツー（－）の組合せで符号化しているという意味
　　　では２進法で表した情報と共通しているね。ところで，アルファ
　　　ベットは26種類あるけど，それらを表現するのに少なくとも
　　　何ビット必要かな？

生徒：ええっと，26種類だから少なくとも ｱ ビットあれば表現で
　　　きますね。

先生：はい，そのとおりです。

生徒：あれ？　ＳＯＳのＳやＯは３つの符号で表現できている。どう
　　　してかな？

先生：それは，アルファベットなどの文字と文字の間に無音を入れて
　　　区切りを分かるようにして，文字によって符号の長さを変えて
　　　いるからなんです。

生徒：文字によってトン（・）とツー（－）の数が違うのですか？

先生：表1を見てごらん。例えば，Ｅはトン（・），Ａはトンツー（・

－），Ｂはツートントントン（－・・・）といったように，アルファベットは最小１つ最大４つのトン（・）とツー（－）の組合せで表されるんですよ。

生徒：そうか，そうすると，トン（・）とツー（－）のいずれか１つであればトン（・）とツー（－）の２通り，２つであれば４通りだから，２つまでで表現できるのは６通りということですね。えーっと，そうなると，４つまでのトン（・）とツー（－）の組合せで ┌イ┐ 通り表せるから26種類のアルファベットを表すだけであれば十分ということですね。

先生：よく理解できていますね。

表1　モールス信号の符号（アルファベットのみ）

文字	符号	文字	符号
A	・－	N	－・
B	－・・・	O	－－－
C	－・－・	P	・－－・
D	－・・	Q	－－・－
E	・	R	・－・
F	・・－・	S	・・・
G	－－・	T	－
H	・・・・	U	・・－
I	・・	V	・・・－
J	・－－－	W	・－－
K	－・－	X	－・・－
L	・－・・	Y	－・－－
M	－－	Z	－－・・

令和7年度大学入学共通テスト試作問題『旧情報』第1問　問3

　モールス信号を2進法に見立てて、2進法に関する理解を問う問題です。2進法はすべての数字を「0」と「1」だけで表現する方法です。10進法

では1の次は2ですが、2進法では位が上がって10です。10進法が10の1乗、2乗、3乗と増えるごとに10、100、1000と桁が増えるように、2進法も2の1乗、2乗、3乗ごとに桁が増えていきます。つまり表現したい数字が2の何乗あれば足りるかを考えれば、必要な桁数は分かります。

最初の空欄アは、26種類を表現するのに必要な桁数（ビット数）です。2の4乗は16なので足りませんが、5乗だと32で足ります。したがって「5」桁（ビット）が答えです。空欄イは、1桁の時、2桁の時、3桁の時、4桁の時それぞれ表せる組合せを合計した数字なので、$2^1 + 2^2 + 2^3 + 2^4$ ＝「30」通りが正解になります。

正答は5、30

デジタルにはこんな特徴がある

◆デジタルは飛び飛び、アナログは連続

多様な情報を扱うのにもはやコンピュータは欠かせません。コンピュータという言葉の元である「compute」は、辞書では「計算する」と説明されています。つまりコンピュータは「計算する者」というわけです。

当たり前のことですが計算できるのは対象物が数字の場合です。「このぐらい＋このぐらい」みたいなアバウトな計算はできません。明確な数字で対象物を表現することが、英語の「digit（数字）」に由来する「デジタル」なのです。

ではデジタルの反対語「アナログ」はどういう意味でしょうか。時計を例に考えてみましょう。アナログの時計は針の位置で時刻を表します。長針は0から1に動くことで、0分から5分までの区間全部を連続的に表現することができます。一方デジタルの時計は、分の表示は0の次は1、2……と変化し、0.5のような情報は表現できません。間が抜け落ちるのです。

こう書くと「いや、秒の表示があるでしょ」と思われるかもしれません。でも秒の表示もデジタルでは0の次は1です。100分の1秒まで計れるストップウォッチを使っても0.01秒の次は0.02秒であり、0.015秒は表せません。デジタルでは表示桁数をどこまで増やしても表現に限界があり、表せ

ない情報があるのです。

　アナログは情報を連続的に示せるのに対し、デジタルは飛び飛び、離散的にしか示せません。これがアナログとデジタルの最大の違いです。

◆デジタルは計算できる

　表せる情報に限界があり、飛び飛びにしか表せないということは、デジタルで表した情報は「必ずしも正確ではない」ということになります。そんな不正確な情報でも扱う意味があるのは、先に書いたようにデジタルは「計算できる」からです。計算によって、新たな発見を得ることができるようになります。

　例えば書籍には図2.6のようなバーコードが貼られています。バーコードには書籍を識別する機能だけでなく、読み取りエラーを検知できる仕組みも備わっています。バーコードにある左から１〜12桁目の数字について、「偶数桁目の数字の合計×３＋奇数桁目の数字の合計」を計算し、その下１桁を10から引いてみてください。その計算結果は右端の13桁目と一致するはずです（下１桁が０の時は13桁目は０）。

図2.6：書籍などについているバーコード

9784297140212

　バーコードリーダーは白黒の帯で表現された数字を読み取ってこの計算を行い、一致しなかったら読み取りがうまくいっていないと判断します。バーコードの実体は数字だから、計算によってエラーを発見できるわけです。

◆デジタルは再現できる

　またデジタルには「再現しやすい」という特徴もあります。先ほどの時計を例に考えてみましょう。

　図2.7はいずれも同じ「12時34分」を表現したものですが、左のアナログ時計は12時34分と言い切れるでしょうか。33分にも見えるような気がし

ます。この時計を見て、他の人に時刻を教えるために自分のアナログ時計の針を置いて見せても、針の位置が微妙に変わったり、見た人がさらに違う時刻で読み取ったりするかもしれません。伝言ゲームのように情報がだんだんずれていく可能性があるのです。

図2.7：アナログ時計とデジタル時計

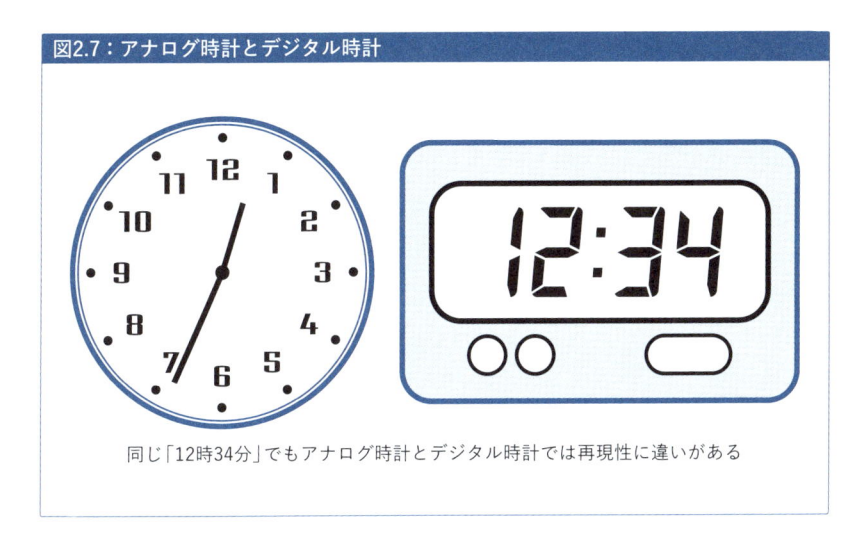

同じ「12時34分」でもアナログ時計とデジタル時計では再現性に違いがある

　一方、右のデジタル時計は、明らかに「12時34分」を示しています。誰が見ても12時34分で紛れようがなく、伝言ゲームのようなことは起きません。同じ情報を常に正しく再現できるという特徴が、デジタルにはあるわけです。

コンピュータは「2進法」

◆ 0と1だけですべてを表現する

　コンピュータは数字を計算できると言っても、前提が人間と根本的に違います。コンピュータは電子機器です。電子の情報が扱えるのは電圧の高低や磁気のNSの向きなど、いずれも二者択一の情報です。二者択一、すなわち0か1、○か×、YesかNoのような情報だけですべての数字を扱わなくてはなりません。そこで使われているのが、本節冒頭の入試問題でも解説した「2進法」です。

　２進法の世界では「０」と「１」だけですべての数字を表現します。人間の世界で一般的な10進法は０から９まであり、一番大きい９の次は１桁では表示できないので位が上がって10になります。２進法も同様に１の次は位が上がった10です。その次は11ですが、次は再び位が上がって100です。

　２進法は０と１しかないので桁が大きくなりがちです。例えば10進法なら３桁で999まで表せますが、２進法で999を表すと「1111100111」となり、10桁必要です。

　桁が増えて読みにくくなっても２進法を使うのは、「エラーに強い」からです。先ほど電圧の高低の二者択一と説明しましたが、実際の電圧は高い方から低い方まで連続的な量（アナログ）です。しかし電圧は周辺の環境などによって微妙に変化します。連続的な量のまま記録したのでは、わずかな変化でも値が変わってしまうことになり、エラーの元になります。そこで、ある境界線（しきい値）を境に高と低の二者に集約して離散的な量にすることで、そのしきい値をまたぐような大きな変化がない限りエラーが起こらないようにしているのです。

◆デジタルデータの最小単位「ビット」

　コンピュータが２進法で記録するデータの最小単位が「ビット（bit）」と呼ばれるものです。１つのビットは０か１の値を取ることができ、そのビットをたくさん並べることで大きな数も２進法で表現できるようになります。

　先ほど、２進法で999を表すなら10桁必要と書きましたが、それは０や１が10個並んだ状態ですから、10ビット必要と言い換えることができます。ビット数が大きくなればなるほど、大きな数を扱えるようになります。16ビットあれば２の16乗＝65536通りの数を表せます。

　ここで注意したいのが、16ビットで表せるのは65536"通り"であり、「65536」という数は表せないという点です。16ビットで表した数字の最小値は、16ビットがすべて０の状態すなわち「０」です。逆に最大値はすべて１の状態であり、これを計算すると「65535」になります。つまり０〜

65535の65536通りであり、65536を表すならもう１ビット足した17ビットが必要になります。

　コンピュータの世界では、数字のスタートは「１」ではなく「０」です。１ビットで２通りの数字を表せるのに、スタートを「１」にしてしまったら次の「２」には２ビット必要になってしまうからです。スタートを０として考えることができるかどうかで、その人のコンピュータに対する素養が分かったりもします。

◆ ８ビット＝１バイト

　ビットの上の単位が「バイト」です。８ビットが１バイトに相当します。バイトは「Ｂ」と書かれることが多く、それを1024倍するごとに「キロ（K）」や「メガ（M）」、「ギガ（G）」「テラ（T）」などの単位を表す接頭語が付き、GB（ギガバイト）やTB（テラバイト）のように表されます。PCやスマホの記憶容量などで聞いたことがあると思います。

　単位が1000倍ごとではなく1024倍ごとに変わるのは、やはりコンピュータが２進法を使っているからです。1024は２の10乗であることから、単位の切れ目として使われています。

　ただし実際には、1024とすると換算が煩わしくなることから、近似値として1000が使われることが少なくありません。試験問題でも「1Mバイト＝1000Kバイトとする」という前提条件が書かれていることがあります。

◆ 知っておきたい２進法の変換方法

　コンピュータは２進法が基本と言っても、２進法はビット数が増大しがちで使い勝手がよくありません。そこで実際のシーンでは２進法で表した数（２進数）を10進法で表した数（10進数）に変換したり、逆に10進数から２進数に換算したりすることがよく行われます。その方法を紹介しましょう。

　まず２進数から10進数への変換ですが、下のビットから２の０乗、２の１乗、２の２乗……という順にあてはめていき、それぞれのビットの数（０か１）を掛けていきます。それらを合計した値が、10進数に換算した時の

図2.8：2進数の「10101000」を10進数に換算する場合

1	0	1	0	1	0	0	0
$\times$	$\times$	$\times$	$\times$	$\times$	$\times$	$\times$	$\times$
2^7	2^6	2^5	2^4	2^3	2^2	2^1	2^0
$\|$	$\|$	$\|$	$\|$	$\|$	$\|$	$\|$	$\|$
128	0	32	0	8	0	0	0

合計した「168」が
換算結果

数値です。図2.8の例で言えば、2進数の「10101000」は10進法の「168」になります。

逆に10進数から2進数に変換するときは、元の数を2で割っていきます。余りが出たらそれを記録しながら割り続けていくと、最後は1になります。

図2.9：10進数の「168」を2進数に換算する場合

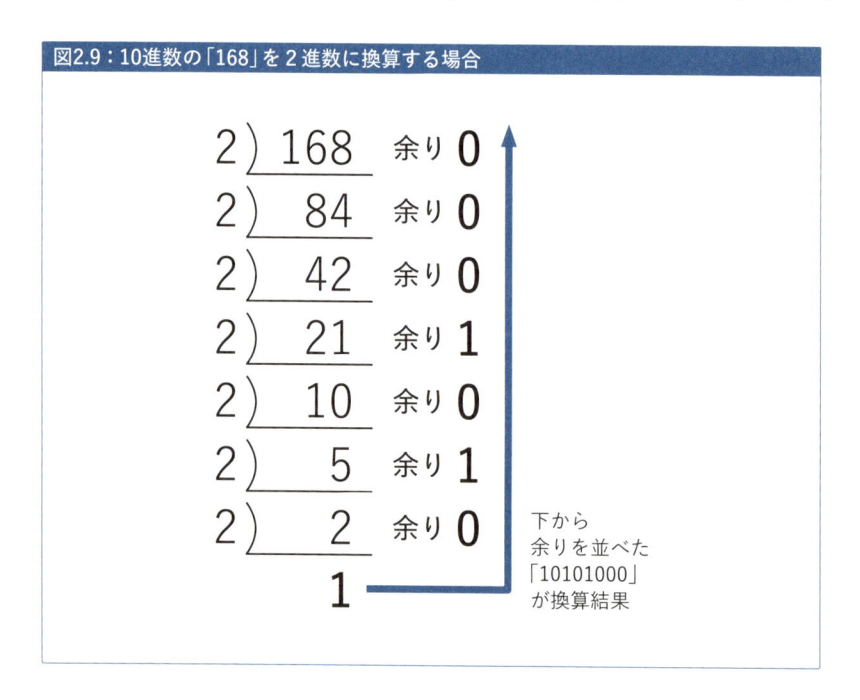

2) 168　余り 0
2) 84　余り 0
2) 42　余り 0
2) 21　余り 1
2) 10　余り 0
2) 5　余り 1
2) 2　余り 0
1

下から
余りを並べた
「10101000」
が換算結果

その1を筆頭に途中で出てきた余りを逆に並べていくと、換算結果を得ることができます。

　2進法と10進法の間の換算は、第4章で取り上げる「IPアドレス」などでよく使います。コンピュータを使うなら知っておきたい知識です。

◆16進法も同じ計算方法

　この計算方法は2進法に限らず、16ごとに桁が上がる「16進法」などでも使えます。16進法は16通りの数字と文字ですべての数字を表す方法です。0から9までは10進法と同じですが、10から15は1桁で表す数字がないので、代わりにAからFの文字を使います。例えば10進数の「11」は16進数では「B」であり、16進数の「1A」は10進数の「26」になります。その計算も前述の2進数同様で、16進数から10進数なら下から16の0乗、16の1乗、と割り当てていき、10進数から16進数なら16で割り続けます。

図2.10：10進数、16進数、2進数の対応

10進数	0		9	10	11	12	13	14	15	16	17		25	26
16進数	0	〜	9	A	B	C	D	E	F	10	11	〜	19	1A
2進数	0		1001	1010	1011	1100	1101	1110	1111	10000	10001		11001	11010

　16進法は2進法との変換がしやすいため、2進法で表した情報を短く表示するのによく使われます。2進法の4ビットが0〜15の16通りなので、2進数から16進数への変換なら4ビットずつに区切って変換、16進数から2進数ならそれぞれの桁を2進数に変換することで済みます。

　ちなみに私が子供の頃、ファミコンのゲームではセーブデータ代わりの復活の呪文が数字とA〜Fの文字で構成されていることがよくありました。「なんでG以降は使わないんだろう？」と当時は不思議だったのですが、今になって考えると16進法だったのでしょうね。

文字はなぜ表示できる？

◆コンピュータの中では文字も数字

　16進法が使われるシーンの一つが、コンピュータでの文字表示に使われる「文字コード」です。コンピュータはすべての情報を2進法で扱うのですから、文字情報もコンピュータの中では2進法です。ただ2進数で表現すると長くなるので、実際はそれを16進数に置き換えたものが使われています。文字とそれに該当する16進数の表記を対応させたものが、文字コードと呼ばれるものです。

　文字コードにはいろいろありますが、最も単純なものは「ASCIIコード」です。アルファベットや数字、記号などを7ビットで表現する文字コードであり、その対応表が用意されています。対応表では7ビットを上3ビッ

図2.11：ASCIIコードの対応表

上3ビット

2進数	000	001	010	011	100	101	110	111
2進数 / 16進数	0	1	2	3	4	5	6	7
0000 / 0			(空白)	0	@	P	`	p
0001 / 1			!	1	A	Q	a	q
0010 / 2			"	2	B	R	b	r
0011 / 3			#	3	C	S	c	s
0100 / 4			$	4	D	T	d	t
0101 / 5			%	5	E	U	e	u
0110 / 6			&	6	F	V	f	v
0111 / 7		制御コード（文字以外）	'	7	G	W	g	w
1000 / 8			(	8	H	X	h	x
1001 / 9			)	9	I	Y	i	y
1010 / A			*	:	J	Z	j	z
1011 / B			+	;	K	[	k	{
1100 / C			,	<	L	¥	l		
1101 / D			-	=	M	]	m	}
1110 / E			.	>	N	^	n	~
1111 / F			/	?	O	_	o	DEL

下4ビット

トと下 4 ビットに分け、それぞれを16進数に置き換えています。例えば「M」という文字は、7 ビットで「100 1101」と定義されていますが、上 3 ビットと下 4 ビットをそれぞれ16進数にした「4D」が、Mの文字コードとして ASCII コードの対応表に書かれています（図2.11）。

しかし 7 ビットで表せるのは $2^7 = 128$ 通りの文字や数字です。アルファベットなら足りても、日本語のように文字の種類が多い言語は到底カバーしきれません。そこでビット数を16（2 バイト）に広げて日本語にも対応した「JISコード」や「シフト JISコード」という文字コードが定義されています。

◆世界共通の文字コード「Unicode」

ASCII コードだけでは足りないので自らの言語に合った文字コードを定義する取り組みは、日本に限らず世界の各言語圏で行われてきました。それによって浮上した問題が、異なる言語圏間での文字コードの不一致です。

日本の中だけなら JIS コードなどだけで完結できますが、他の言語圏にはその言語圏独自の文字コードがあるので、日本では読める文書でも他の国では正しく表示できないことがありえます。インターネットが普及し、情報のやり取りがグローバルに広がったことで、文字コードの違いによる影響は無視できなくなりました。

そこで開発されたのが、世界中の文字を扱うことができる共通の文字コード「Unicode」です。Unicode はさまざまな言語圏の文字を包含しています。Unicode に則った具体的な文字コードには「UTF-8」などがあります。

文字コードは、情報を作る側と見る側が同じものを使っていなくてはなりません。違うものを使っているために表示が崩れてしまう現象は「文字化け」と呼ばれます。現在は Web サイトの多くが Unicode（UTF-8）を文字コードとして使っているので、文字化けに遭遇するケースは少なくなったようです。

縦横に区切って数字にする

アナログからデジタルへの変換

入試問題を Check!

　次の図1は，モノクロの画像を16画素モノクロ8階調のデジタルデータに変換する手順を図にしたものである。このとき，手順2では 　ア 　，このことを 　イ 　化という。手順1から3のような方法でデジタル化された画像データは， 　ウ 　などのメリットがある。

図1　画像をデジタルデータに変換する手順

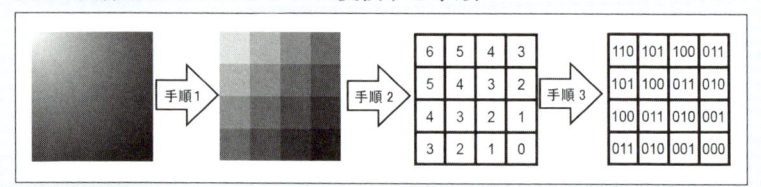

アの解答群

①区画の濃淡を一定の規則に従って整数値に置き換えており

②画像を等間隔の格子状の区画に分割しており

③整数値を二進法で表現しており

④しきい値を基準に白と黒の2階調に変換しており

イの解答群

①符号　　②量子　　③標本　　④二値

ウの解答群

①コピーを繰り返したり，伝送したりしても画質が劣化しない

②ディスプレイ上で拡大してもギザギザが現れない

③データを圧縮した際，圧縮方式に関係なく完全に元の画像に戻すことができる

④著作権を気にすることなくコピーして多くの人に配布することができる

『情報Ⅰ』サンプル問題第1問

アナログの情報をデジタルに変換する手法に関する問題です。2-2節で述べたようにアナログは連続的な情報なのに対し、デジタルは飛び飛びの離散的な情報です。したがって最初に必要な作業は、連続のものを細かく切り刻んで飛び飛びにすることです。飛び飛びの情報、つまり点の状態になればそれを数字に置き換えることが可能になります。ただし単に数字にしただけではコンピュータでは扱えないので、0と1の2進法にする必要があります。

この問題はこれらの作業について問うものです。図1の手順1が飛び飛びに切り刻む作業で、「標本化」と言います。手順2は標本化したデータを数字に置き換える作業なので、空欄アは①が正解です。この作業は「量子化」と呼ばれるので空欄イは②です。最後の手順3は、その数字を2進法にする「符号化」です。これらの作業を行ってデジタル化することによるメリットの一つは、2-2節でも説明した「再現しやすい」ことです。したがって空欄ウは①が正解です。

正答は①、②、①

現実世界のアナログをコンピュータで扱うためには

私たちが生きている現実の世界はアナログです。人間は手足を連続的に動かして生活し、車はタイヤを連続的に回転させて進み、天気は連続的に変わります。

一方、コンピュータが扱うことができるのはデジタルだけです。アナログは扱えませんが、その計算の速さには人間は絶対に叶いません。現実世界の問題解決のためにその高い計算能力を味方に付けるなら、コンピュー

タの考え方に合わせてあげる必要があります。つまりアナログをデジタルに変換する作業が欠かせないのです。

　本節ではその変換作業「標本化」、「量子化」、「符号化」の3つのステップについて、「音」という代表的なアナログ情報を例に説明していきます。

デジタルへの変換作業 ― 標本化・量子化・符号化

◆点と点の間は「あきらめる」

　まず前提として理解しておかなくてはならないのは、「アナログの情報を完全にデジタルにすることは不可能」ということです。アナログは連続した「線」なのに対し、デジタルは飛び飛びの「点」です。点だけで線は構成できません。

　そう書くと「いや、点をたくさん集めたら線になるじゃないか」と思われる方もいるでしょう。しかし点に半径はありません。半径が0の点をいくら集めても0でしかないのです。

　デジタル時計は0の次が1で、0.5を表示しないのと同じように、点と点の間はある程度「あきらめる」必要があります。その前提に立ったうえで、デジタル時計の0や1と同じようにデジタル化する点を決めることが先決です。その作業が「標本化」と呼ばれるものです。

◆連続した線を切り刻む「標本化」

　標本化はその名の通り「標本」を取る作業で、「サンプリング」とも言われます。例えば音は空気を震わせる波です。この波を一定間隔で切り刻み、切ったポイントを標本として採取するわけです。

　図2.12の場合、左のような音の波を一定間隔で切り刻みます。その間隔は「サンプリング周期」と呼ばれます。1秒間をいくつに区切るかを示した数字を「サンプリング周波数」と言い、Hz（ヘルツ）という単位で表されます。区切った断面にある点を、デジタルにするための標本として採取します。

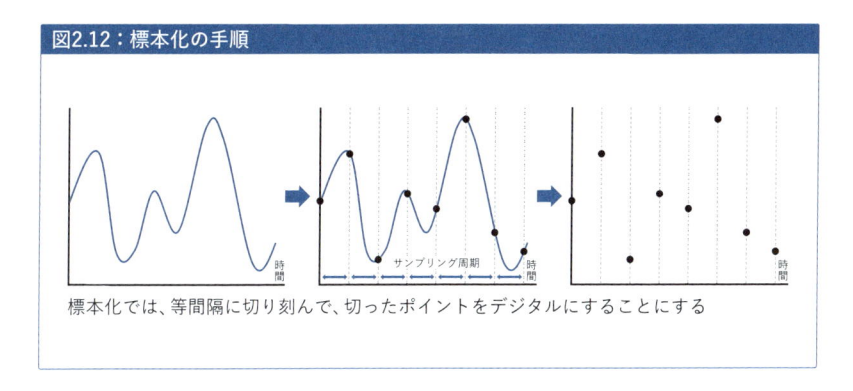

図2.12：標本化の手順

標本化では、等間隔に切り刻んで、切ったポイントをデジタルにすることにする

◆標本を数値化する「量子化」

　デジタル化する点が決まれば、次はそれを実際の数値にします。この作業は「量子化」と呼ばれます。

　標本化は横軸（時間軸）に沿って切り刻む作業でしたが、量子化は縦軸（波の高さ、具体的には電圧）に沿って目盛りを振っていく作業です。その目盛りをもとに、標本化で点にしたところの高さを数値にしていきます。ただし点が目盛りの上にちょうど来ない場合もあるので、その時は一番近い目盛りをその点の高さとします。

　図2.13は量子化の例です。ここでは電圧の低い方を 0 、高い方を24とし

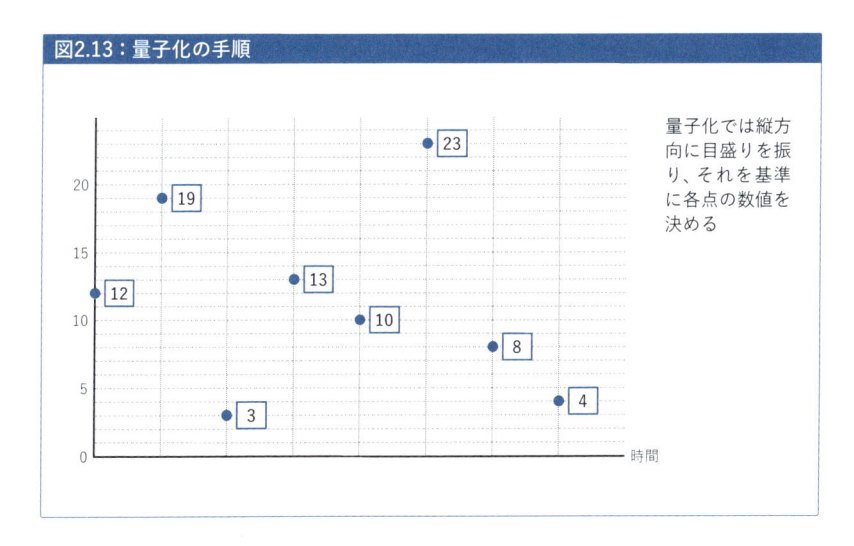

図2.13：量子化の手順

量子化では縦方向に目盛りを振り、それを基準に各点の数値を決める

て等間隔に目盛りを振り、それぞれの点を目盛りに基づいて数値にしました。音楽の五線譜のようなイメージで考えると分かりやすいかもしれません。

　この時ポイントになるのが、低い方から高い方まで何段階の目盛りを振るかという点です。それを表す数字が、段階の数を2進法で表した「量子化ビット数」です。図2.13の例で言えば0から24の計25段階なので、2^4=16では足りず、2^5=32で足りることから、量子化ビット数は5ビットになります。

◆数値を2進法にする「符号化」

　量子化までで波を数値にすることはできましたが、これだけではコンピュータでは扱えません。コンピュータで扱えるようにするためには2進数に置き換える必要があります。それが「符号化」と呼ばれる作業です。

　図2.14は量子化によって表された数値を、符号化によって2進数で表現したところです。これらを連ねた「011001001100011...」が、最初に示した音の波をコンピュータで扱えるようにした結果です。

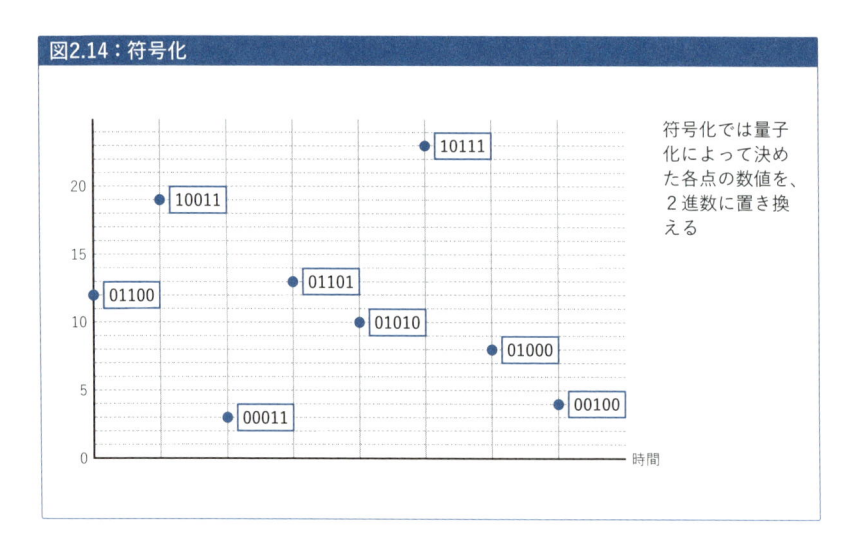

図2.14：符号化

符号化では量子化によって決めた各点の数値を、2進数に置き換える

◆画像も切り刻んで数値化する

　画像のデジタル化も同様です。アナログの画像も音と同様に連続的なデ

ータです。本節冒頭の入試問題の画像は、白から黒へ連続的に変化するグラデーションがかかっています。デジタルにするには、まず手順1のようにその連続的な変化を切り刻む標本化を行う必要があります。設問にはなっていませんがこの手順1は、空欄アの解答群にある②の「画像を等間隔の格子状の区画に分割しており」にあたります。

切り刻んだ区画の中でいずれかの点をその区画の"代表"として扱い、その代表の色について手順2の量子化と、手順3の符号化を行うわけです。符号化は空欄アの解答群では③の「整数値を二進法で表現しており」です。

おおざっぱなデジタル化でいいの？

◆完全にデジタル化することはできない

標本化と量子化と符号化により、アナログの情報をコンピュータで扱えるデジタルに置き換えることができます。しかしデジタルは飛び飛びです。本節前半でも書いたように「アナログの情報を完全にデジタルにすることは不可能」であり、限界があるのです。

実際、音のデジタル化のところで最初に示したきれいな波形が、符号化を終えた後の点の位置だけで表現できているとは到底言えません。量子化の作業では、目盛り上に乗っていない点は、高さをずらして一番近いところに置き換えたりもしています。

冒頭の入試問題の例でも、一番右の符号化まで終わったデジタルの情報から元の画像を表現しようとしても、表現できるのは一番左の画像ではなく、左から2番目の格子状の画像止まりです。これをグラデーションと呼ぶのはあまりに無理があるでしょう。つまりデジタル化した途端に情報は「おおざっぱ」になってしまうのです。

◆サンプリング周波数と量子化ビットを増やす

おおざっぱではなく、もっと精緻にデジタル化するにはどうすればよいでしょうか。

一つは標本化の際に、「もっと細かく切り刻む」ことです。1秒間をいく

つに切り刻むかを示した数字がサンプリング周波数なので、すなわち「サンプリング周波数を上げる」ことになります。サンプリング周波数を上げると、標本として取った点と点の間隔が狭まるので、抜け落ちている部分を補えるようになります。

　また量子化の際に目盛りをもっと細かく振ることも、精緻にデジタル化するのには効果的です。先ほどの例では0から24の25段階でしたが、倍の50段階にすれば点が目盛りの上に乗ることが多くなり、目盛りに乗せるために高さをずらすようなことも少なくなります。目盛りの数を2進法で表したものが量子化ビット数だったので、段階を増やすには量子化ビット数を増やせばいいことになります。

　標本化と量子化をもっと細かくした状態は、図2.15のようになります。縦横の網目をもっと細かくした形です。確かにこの網目で取った点の並びは、図2.14よりずっと元の波形に近づいたと言えます。

図2.15：サンプリング周波数と量子化ビット数を増やすと原型により近づく

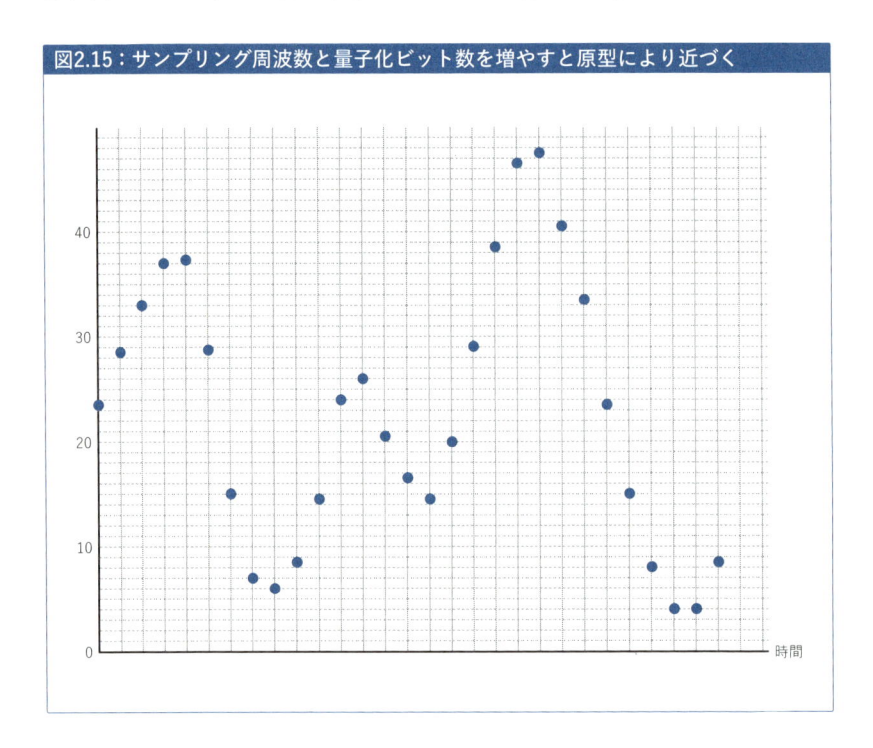

◆精緻さを追求し過ぎるのは考えもの

サンプリング周波数と量子化ビット数を増やせば増やすほど、原型のアナログの情報に近いデジタル化が可能になります。音であれば高音質になり、画像であれば高画質になります。しかしサンプリング周波数と量子化ビット数を無限に増やすことは非現実的です。できあがるデジタル情報のデータ量が極端に大きくなってしまうからです。

例えば標本化で1秒間に切り刻む回数を100回、すなわちサンプリング周波数が100Hzで、量子化ビット数が4ビットの状態でデジタル化したとしましょう。1回のデータ量が4ビットでそれを1秒間に100回採取するので、1秒間のデータ量は4×100＝400ビットになります。これをサンプリング周波数、量子化ビット数いずれも倍の200Hz、8ビットにすると、1秒間に8×200＝1600ビットになります。データ量が倍々ゲームで増えてしまうのです。

データ量が大きくなればなるほど、そのデータを保存する記憶装置を多く消費するだけでなく、インターネットでやり取りする際に時間がかかるようになります。原型のアナログの情報を正しくデジタル化することを追求し過ぎると、使い勝手が悪くなってしまうわけです。

◆基準は人間の目や耳の性能

おおざっぱでは困るけど、細か過ぎても扱いにくい。では現実的にどのぐらいのレベルでデジタル化するのが最適なのでしょうか。それを考えるうえで基準になるのが、人間の目や耳の性能です。

音も画像も、最終的には人間が聞いたり見たりして初めて意味があるものになります。逆に言うと人間が聞き分けられない、見分けられない情報は意味がありません。それを基準に、デジタル化の最適なレベルが決められています。

音の場合、一般的な音楽CDではサンプリング周波数は44.1kHz、つまり1秒間を44100個に区切っており、量子化ビット数は16ビットです。技術的にはいずれももっと増やすことは可能です。実際、スマホアプリには192kHz、32ビットで音を録音できるものがあったりします。しかし人間の

耳が聞くことのできる周波数は最大20kHzとされており、それを基準に「これだけあれば十分」というレベルを計算した結果、44.1kHzに落ち着いたというわけです。

　ちなみに現在は、これよりもっとサンプリング周波数が高い48kHzなどの音源による音楽配信サービスが広がってきています。「ハイレゾ」と呼ばれ、私が契約しているスマホ向けのサブスクのサービスでも聞けるのですが、データ量が怖いのでWi-Fi接続中しか使っていません。

0と1だけで色が表現できる理由
デジタルの画像と動画

▌入試問題を Check! ....

　次の文章は，あるユーザがスマートフォンで写真を撮影してSNSに
投稿する過程で行われたデータの処理や操作の説明について段階的に
述べたものである。

　空欄 ア ～ ウ に入れるのに最も適切な語をそれぞれの解答群
のうちから一つずつ選べ。

1. あるユーザがスマートフォンを操作してカメラアプリを起動し，シ
 ャッターボタンを押して撮影操作をした。
2. このときカメラアプリはカメラから縦2048，横1536 ア のカラ
 ー画像データを得た。
3. この画像をSSD（ストレージ）へ保存する際は， イ に，JPEG
 フォーマットに変換する。
4. このときのJPEGフォーマットへの変換では一般に ウ が行われ
 る。

アの選択肢：
【①ビット　　②バイト　　③画素　　④フレーム】

イの選択肢：
【①秘密保持のため　　　　②データ量を削減するため
　③画質を劣化させないため　　④画像処理を可能にするため】

ウの選択肢：

【①可逆圧縮　　　　　②非可逆圧縮

　③公開鍵を用いた暗号化　　④秘密鍵を用いた暗号化】

2024年度京都産業大学情報入試模擬試験

デジタルの画像に関する問題です。2-3節で説明したように、アナログの情報は「点」ごとにデジタルに変えられます。画像の場合、その基本となる点は**画素**（ピクセル：pixel）と呼ばれ、画素が縦横にたくさん並べられて画像が構成されます。この問題の場合、縦2048個、横1536個の「画素」（空欄ア）で画像データを作っているわけです。

画像は通常、**JPEG**（ジェイペグ）などのデータ形式として保存されます。JPEGにするのは「データ量を削減するため」です（空欄イ）。

データ量を小さくする処理は「圧縮」と呼ばれ、その方式は完全に元の形に戻せる**可逆圧縮**と、完全には元には戻せない**非可逆圧縮**があります。JPEGは後者の非可逆圧縮（空欄ウ）の方式の一つです。

正答は③、②、②

基本の色を混ぜて表現する

◆光の三原色「赤」「緑」「青」

小学生の頃、絵を描く授業で絵の具を混ぜていろんな色を作った経験は多くの方にあると思います。自然界にある色は基本的に青、赤、黄を混ぜれば再現ができます。正確には明るい青（シアン）、紫がかった赤（マゼンタ）と黄（イエロー）で、何かに塗って色づけする際はこれら**「色の三原色」**の組み合わせであらゆる色を表現します。

コンピュータ上に表示する色も同様で、基本の色の組み合わせでできていますが、絵の具とは少し事情が異なります。コンピュータの液晶ディスプレイは、ディスプレイの裏側から照らす光と、その光に色づけするカラーフィルタという部品で色を作っています。色が塗料ではなく光により作られている点が絵の具と違うところです。基本となる色も、絵の具とは違

って赤（Red）、緑（Green）、青（Blue）の三色です。これらは「光の三原色」と呼ばれ、その頭文字から「RGB」と言われます。

　コンピュータはこのRGBの三色の濃淡を変えてあらゆる色を表現します。しかし自然界の色は濃い方から薄い方まで連続して存在しています。2-3節で見たように、連続して変化する量をそのまま全部デジタルにすることはできません。そこで音のデジタル化と同じように、濃淡の間を細かく切り刻んで飛び飛びにします。飛び飛びの点状になれば数値化すなわちデジタル化が可能です。RGBそれぞれ濃淡をデジタル化したうえでその三色を混ぜることで、コンピュータ上の色は作り出されているわけです。

◆全部光ると白、全部消えると黒

　自宅に液晶テレビがある方は、画面上で白く表示しているところをルーペで拡大してみてください。拡大すると、赤と緑と青の小さな格子がたくさん並んでいるのが見えると思います。これがRとGとBで、3つで一つの画素を構成します。絵の具は混ぜたり重ね塗りしたりしてさまざまな色を作りますが、コンピュータの場合はそれぞれを隣り合わせに並べます。人間の目からはその3色が混ぜられたように見えるわけです。

　白の部分を拡大してもらったのは、白はRGBが全部最大限に光った状態だからです。逆に言うとRGB全部が全く光っていない状態は黒です。コンピュータは黒を発色しているのではなく、単に何も光っていない状態なのです。

　余談ですが、液晶テレビやディスプレイは、高級なものほど黒をくっきり発色できると言われます。黒を出すためには何も光っていない状態、つまり裏側から照らす光を完全にシャットアウトする必要があるのですが、わずかに光が漏れ出てしまいます。高級なテレビは光を極限まで漏らさない制御を行うことで、きれいな黒を作っています。

◆ RGBそれぞれの濃淡を変える

　白と黒以外の色は、RGBそれぞれの濃淡を変えることで作り出しています。その手順は2-3節で見た標本化、量子化、符号化と同じです。まずRGB

の組み合わせで表現する点を、画像の中から標本として取り出します（標本化）。そしてその色をRGBそれぞれの濃淡を示す数値にします（量子化）。最後にその数値を2進数にする（符号化）ことで、色の情報をコンピュータで扱える形にします。

ここでカギになるのが量子化です。数値化するために濃淡の間を細かく切り刻んで飛び飛びの点にしますが、濃い方と薄い方の間をできる限り細かく刻むほど、微妙な差も表現できるようになります。何段階に刻むかを示すのが量子化ビット数なので、量子化ビット数が大きければ大きいほど再現できる色は増えるのです。

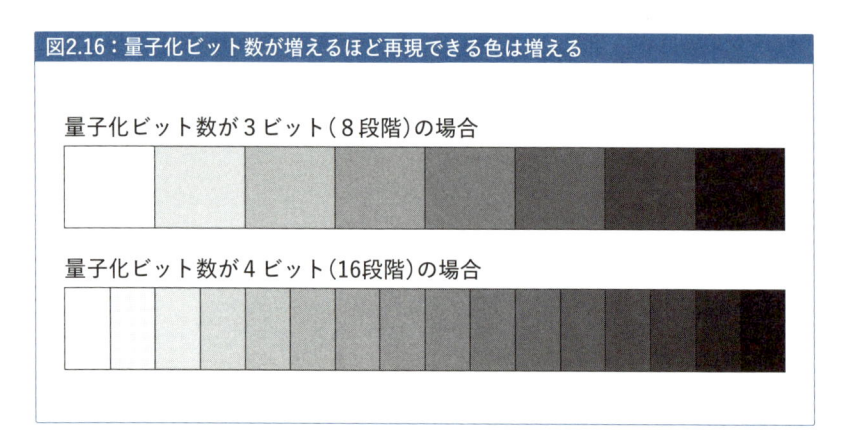

図2.16：量子化ビット数が増えるほど再現できる色は増える

量子化ビット数が3ビット（8段階）の場合

量子化ビット数が4ビット（16段階）の場合

カラーの画像はRGBそれぞれ量子化ビット数に基づいて濃淡の間を切り刻みます。一般的なコンピュータのディスプレイの場合、量子化ビット数はRGBそれぞれ8ビットです。つまりRであれば白と赤の間を$2^8＝256$段階で区切るわけです。GとBもそれぞれ256段階なので、RGBの3色の組み合わせで表現できる色は$256^3＝1677万7216$色ということになります。RGBで合計24ビットであることから、この色数は24ビットカラーとも呼ばれます。

ちなみに24ビットカラーが主流になる以前は、16ビットカラー（$2^{16}＝65536$色）や8ビットカラー（$2^8＝256$色）の時代がありました。この頃は色の粗さが目につきましたが、今の24ビットカラーの約1677万色では粗さを感じることはありません。人間の目が見分けられる色数は100万色と

言われているからです。

　画家や写真家など絵作りのプロは普通の人より多くの色を見分けられるそうですが、いずれにせよ1677万色という数字は人間の性能をはるかに超えています。量子化ビット数をさらに大きくすれば、もっと色の表現を繊細にすることはできますが、人間が見て意味がある繊細さでなくては意味がありません。そこで人間の目の性能を勘案して、24ビットの1677万色で十分とされているわけです。

点が集まって図が作られる

◆画素の密度を示す「ppi」

　この3色で構成する画素が一つの画面にいくつ並べられているかを示す数字が「解像度」です。冒頭の入試問題のように通常は縦、横それぞれの数で示されます。解像度として示された数字が高ければ高いほど大きな画像を表現できることになります。

　ディスプレイやスマホは、縦と横の数字ではなく、縦（短い方の辺）の画素数だけで表現することもあります。「1080p」と書かれている場合は、横1920×縦1080の画素数を意味します。その倍の「2160p」は横3840×縦2160で、横がほぼ4000であることから「4K」と称されます。

　ただし高い解像度と、豊富な色数を表現できる量子化ビット数があっても、一つひとつの画素の並びがスカスカでは画像は粗くなってしまいます。画素がどれだけ高密度に詰められているかが精緻な画像を構成するのに重要で、それを示す単位が「ppi」です。pixels per inchの略で、1インチに何ピクセル（画素）詰められているかという密度を表す数字です。もちろんこのppiが大きいほど画像は精緻になります。

◆点ごとに表現するか、数値で表現するか

　ディスプレイ上の画像は、指定した位置にある画素を指定した色で点灯することによって作られます。点灯させた画素が集まって画像になりますが、どの画素を点灯させるかという方法には2種類あります。

　一つは、画素単位で制御する「**ラスタ形式**」です。個々の画素ごとにRGBの濃淡で色を決める方法です。画素単位で色を変えられるので、写真のように多様な色を組み合わせた画像の表示に向いています。半面、点の集まりで画像を構成しているため、画像を大きく拡大するとその点が格子状になって目立ってしまう「ジャギー」という現象が起きてしまいます（図2.17）。

　そのような現象を起こさないのが、もう一つの表示方法である**ベクタ形式**です。ベクタは英語で書くとvectorで、数学や物理で登場する「ベクトル」のことです。大きさと方向で表すという考え方のとおり、点の位置や角度、線の太さなどを数値で記録する方法です。

　点でなく数値で情報を持っているため、拡大するときもその数値が書き換えられるので、ジャギーは起こりません。例えば円であれば、ラスタ形式で描いた円では拡大時に縁にジャギーが避けられませんが、ベクタ形式では「$(x,y)=(0.0)$の位置から半径100の円」のように記録します。その円を100倍に拡大するときは、半径が100から10000に書き換えられるだけなので、拡大してもきれいな円の形を維持できます。

図2.17：ラスタ形式の画像（上）とベクタ形式の画像（下）

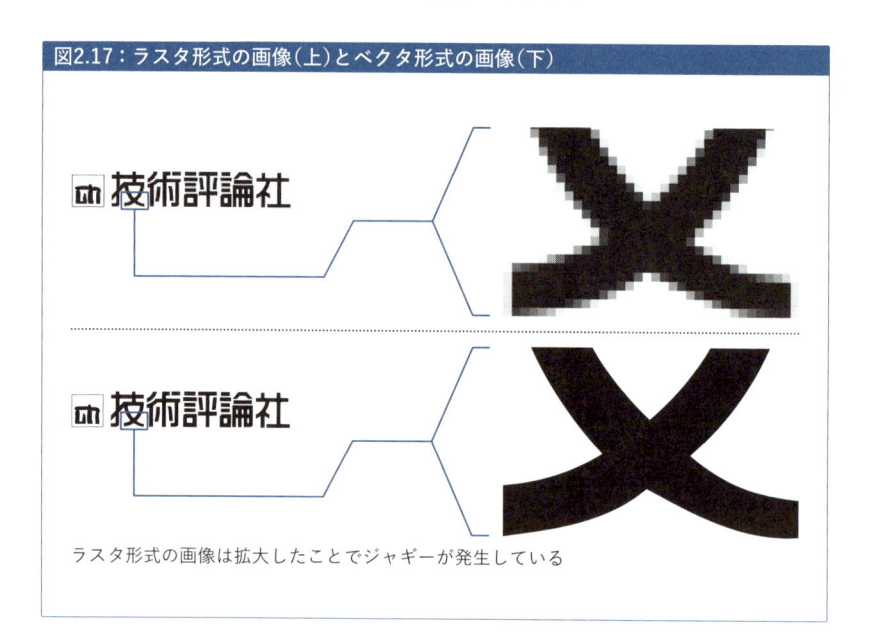

ラスタ形式の画像は拡大したことでジャギーが発生している

ただしベクタ形式は、点で構成しているわけではないので、点ごとに色を変えようとすると複雑になります。そのため写真のような画像ではなく、主に線で構成される図形のような画像に適しています。

動画は一種のパラパラ漫画

　ここまでは画像、つまり静止画を見てきましたが、では動画はどうやって記録されるのでしょうか。結論から言うと、動画は「静止画の集まり」で記録されています。動画も基本は静止画であり、それを連続して表示するという「パラパラ漫画」方式で動く絵に見せているわけです。

　一枚一枚の静止画の表示方法は今まで見てきた画像と同じですが、動画はこれに「どのぐらいのスピードで静止画を連続表示させるか」という要素が加わります。それを示すのが「フレームレート」です。フレームレートは1秒間に映し出す静止画の枚数を示す数字で、「fps（frames per second）」という単位で示されます。

　フレームレートは高ければ高いほど、動きが滑らかな動画になります。

図2.18：スマホのフレームレート設定画面の例

❮ カメラ	**ビデオ撮影**	
720p HD/30 fps		
1080p HD/30 fps		✓
1080p HD/60 fps		
4K/24 fps		
4K/30 fps		
4K/60 fps		

一般的には映画で主流の24fpsや、テレビ放送で主流の30fpsや60fpsなどが使われます。スマホで動画を撮影する時は、解像度を含めてフレームレートの設定を変えることが可能です。

ただしできるだけ滑らかな動画を撮りたいと言っても、フレームレートを無制限に上げることは現実的ではありません。動画のデータ量は単純計算で、静止画1枚のデータ量×枚数分になります。24fpsであっても静止画24枚分のデータ量が、たった1秒の動画でも要してしまうわけです。そのため、用途によって最適なフレームレートを選択することが必要です。

実際、監視カメラのフレームレートは数fpsです。監視カメラの映像は鑑賞用ではないため、滑らかさよりもデータ量を小さくして送信や記録を容易にすることを優先しているのです。

「圧縮」でデータ量を小さくする

◆1分の映像でも9Gバイト？

画像や映像、さらに2-3節で取り上げた音声はいずれも、とかくデータ量が増大しがちです。例えば24ビットカラーで解像度が1080p（1920×1080）の画像1枚の容量を考えてみましょう。1画素が24ビット＝3バイトで、それが1920×1080個あるので、1Mバイト＝100万バイトとした場合約6.2Mバイトです。これを動画で作ると、24fpsなら1秒でも約149Mバイト、1分間で9Gバイト近くになります。スマホの月のデータ通信量が数Gバイトとか数十Gバイトとかなのに、たった1分の動画をやり取りするだけで9Gバイトも要してしまう計算なのです。

もっとも、実際にはこんなにデータ量を要することはありません。それはこれから紹介する「圧縮」という処理が行われているからです。

◆同じデータが並んでいることを利用する「ランレングス圧縮」

圧縮とは、データを「押しつぶす」かのように処理することで、データ量を小さくすることです。押しつぶすと言ってもデータを壊すわけではなく、データの正確性を維持したまま量だけ小さくします。音声や画像、動

画はほとんどの場合、この圧縮を行ったうえで保存したりネットワークで送信したりしています。逆に圧縮したデータを元に戻すことは**「伸張」**、または「展開」や「解凍」などと呼ばれます。

　具体的な圧縮方法の一つである**「ランレングス圧縮」**を見てみましょう。ランレングス圧縮は、同じデータが連続していることを利用した圧縮方法です。例えば図2.19の一番上にある白黒の格子が15個並んだデータの場合、そのまま白の情報と黒の情報をデータ化しただけではデータの個数は15個で変わりません。しかし途中同じデータが並んでいることに着目し、「白2」「黒3」のように表現すれば、この図の場合12個まで減らすことができます。さらに「最初は白」とあらかじめ定義しておけば、「白」「黒」の情報も要らないので一番下のように7個まで減らせます。

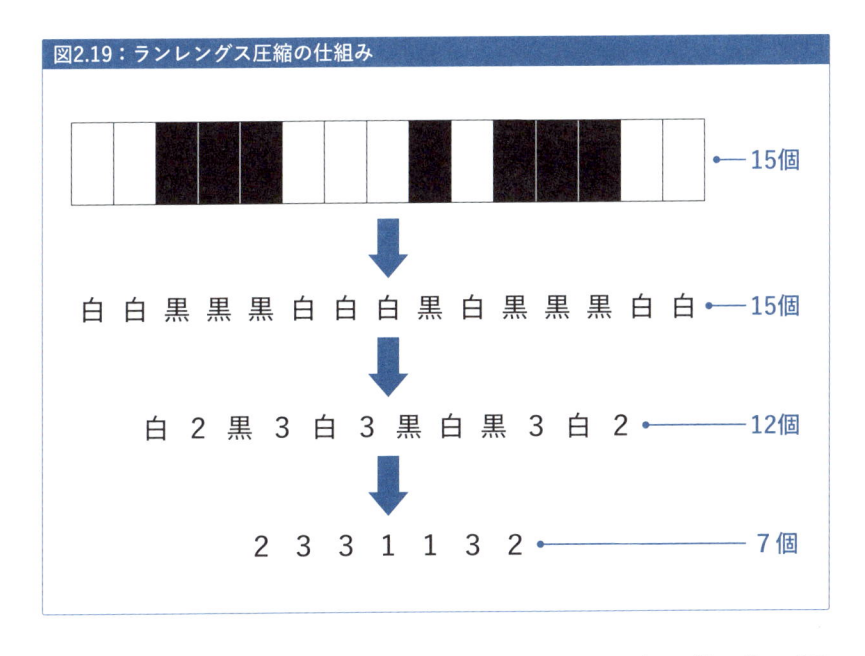

図2.19：ランレングス圧縮の仕組み

　この仕組みから想像できるかと思いますが、ランレングス圧縮は特に「同じデータが並んでいる部分が多い」データに有効です。例えば画像は、隣り合っている画素の色がすべて違うということはあまり考えられません。一定の長さの間同じ色であれば、ランレングス圧縮で大きくデータ量を減らすことが期待できます。

元のデータ量に対しどれぐらいまで圧縮できたかを示す数字は「圧縮率」と呼ばれます。図2.19の場合、15個から7個まで減らせたので、圧縮率は7÷15＝0.4666……つまり46.7％になります。

◆出現確率の差を利用した「ハフマン符号化」

もう一つ「ハフマン符号化」という圧縮方法もあります。ハフマン符号化は個々のデータの出現確率に違いがあることを利用した圧縮方法です。

例えば日本語のひらがなをコンピュータで扱えるように符号化、すなわち0と1で表現するとします。濁音や半濁音を除いたひらがな全部を表現するには、5ビット（$2^5 = 32$通り）では足りず、6ビット（$2^6 = 64$通り）必要です。「あ」を「000000」、「い」を「000001」のように定義すれば、ひらがな全部を0と1で表現できます。

しかし実際の文章の中で、個々の文字の登場頻度がすべて同じであるはずはありません。ある調査によると、新聞記事で最も使われているひらがなは「い」で、逆に最も使われていないのは「ぬ」だそうです。全体でのデータ量、つまり0と1の個数を減らすなら、よく使われている文字は短いビット、あまり使われない文字は長いビットという具合に符号化すれば、全文字一律で6ビットにするよりもトータルでのビットは減るはずです。そのように出現確率に合わせてビットの長さを配分することでデータ量を小さくするのが、ハフマン符号化です。

ちなみに2-2節の冒頭で取り上げた入試問題のモールス信号は、まさにこのハフマン符号化の考え方を使って作られています。アルファベットでは「E」や「T」がよく使われる文字と言われています。そこで多くの文字が3〜4個の符号を使っているのに対し、EやTには1個の符号が割り当てられているわけです。

◆見えないところは省いてしまう？

ランレングス圧縮やハフマン符号化といった圧縮方法は、「可逆圧縮」と呼ばれます。圧縮後のデータから圧縮前のデータを完全に復元することができるからです。圧縮したデータは、実際に使う時には元に戻す必要があ

るのですから、完全に復元できるのは当たり前と思われるかもしれません。しかし圧縮には、完全には元に戻せない「非可逆圧縮」という方法もあるのです。

　非可逆圧縮の代表的な方法が、画像の「JPEG」や動画の「MPEG」です。スマホで撮った写真や動画のファイル形式で聞いたことがあるのではないでしょうか。これらはオリジナルのデータから既に圧縮されたデータですが、圧縮時に部分的に省いているため、元のデータには戻せません。

　元に戻せないのになぜ使うのに支障がないのでしょうか。そこで思い出してほしいのが、2-3節でも説明した「人間が聞き分けられない、見分けられない情報は意味がない」ということです。非可逆圧縮ではそのような情報を省く処理を行います。省いてしまっているため元には戻せませんが、データ量は確実に小さくなります。一般的に非可逆圧縮は可逆圧縮に比べて圧縮率が高いため、特に画像や動画、音声では非可逆圧縮の方法が標準でとられています。

◆非可逆圧縮をやってはいけないケース

　ただしデータの用途によっては、元に戻せる余地を残しておくことが必要な時もあります。プロのカメラマンは写真を圧縮していない「RAW」という形式で撮影し、編集者に納品することがよくあります。編集者は受け取った写真を用途に合わせて加工します。加工する前にJPEGのような圧縮で部分的に省く処理をカメラマンが行っていては、納品された写真を自由に編集したい編集者は困るからです。非可逆圧縮は万能ではなく、データ量の節約よりもデータの加工の自由度が優先というシーンでは避けるべきでしょう。

　コンピュータの性能は人間をはるかに超えています。しかしその性能をそのまま全部使うと人間にとって使いづらいものになってしまいます。基準を人間に置き、場面に応じて適度なレベルを自ら選んでいくことが、今の情報技術では必要なのです。

【珍事】文字より先に文字コードが決まる!?

文字はコンピュータよりはるかに古い歴史を持ちます。そこで各文字をコンピュータで表すために、文字コードが作られたのでした。しかし「文字はないのに先に文字コードが決められた」という珍しいケースが、比較的最近ありました。元号の「合字」です。

合字は、一文字分のスペースに複数の文字を詰め込んだものです。この合字を使っているものに、「㍼」や「㍽」のような元号があります。平成から新しい元号に代わるに当たって、新しい元号でも合字を作ることが検討されましたが、肝心の新元号は代わる直前にならないと分かりません。それでも新元号の合字がすぐに使えるように、文字は不明ながら先に文字コードだけ決められたのです。

令和の合字「㋿」は、Unicode では「U+32FF」と定義されています。私は新元号が決まる前、試しにこの文字コードを入力してみましたが、当然ながら出ませんでした。その後、いつ「㋿」という合字が出るようになったかは不明ですが、新元号の発表からあまり時間はかからなかったようです。

ちなみに「㍻」「㍼」「㍽」「㍾」の文字コードは、それぞれ「U+337B」「U+337C」「U+337D」「U+337E」と連番になっています。「㋿」は後から決まったので連番にならなかったのは仕方ないのかもしれません。

第3章

コンピュータと
プログラミング

知らなくても使えるけど、知るともっと使える

コンピュータの仕組み

入試問題を Check!

次の文章を読み，空欄 ア ， イ に入れるのに最も適当なものを，後の解答群のうちから一つずつ選べ。

基本的な論理回路には，論理積回路（AND回路），論理和回路（OR回路），否定回路（NOT回路）の三つがあげられる。これらの図記号と真理値表は次の表1で示される。真理値表とは，入力と出力の関係を示した表である。

表1 図記号と真理値表

回路名	論理積回路	論理和回路	否定回路
図記号	A B ─ X	A B ─ X	A ─ X

論理積回路

入力		出力
A	B	X
0	0	0
0	1	0
1	0	0
1	1	1

論理和回路

入力		出力
A	B	X
0	0	0
0	1	1
1	0	1
1	1	1

否定回路

入力	出力
A	X
0	1
1	0

S航空会社が所有する旅客機には，トイレが三つ（A・B・C）ある。三つのうちどれか二つ以上が使用中になったら，乗客の座席前にあるパネルのランプが点灯し，トイレが混雑中であることを知らせる。入力Aは，トイレAが使用中の場合には1，空いている場合には0と

する。BとCについても同様である。出力 X はランプが点灯する場合に1，点灯しない場合に0となる。この場合の真理値表は ア で，これを実現する論理回路は次の図1である。

図1　トイレの混雑を知らせる仕組みの論理回路

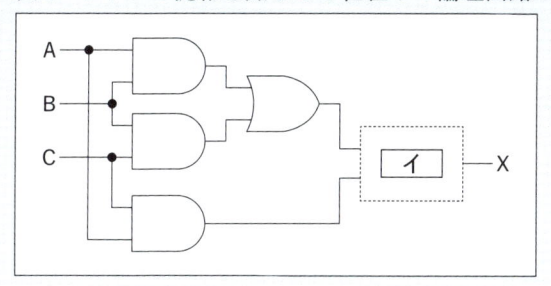

ア の解答群

①

入力			出力
A	B	C	X
0	0	0	0
0	0	1	0
0	1	0	0
0	1	1	0
1	0	0	0
1	0	1	0
1	1	0	0
1	1	1	1

②

入力			出力
A	B	C	X
0	0	0	0
0	0	1	1
0	1	0	1
0	1	1	0
1	0	0	1
1	0	1	0
1	1	0	0
1	1	1	1

③

入力			出力
A	B	C	X
0	0	0	0
0	0	1	0
0	1	0	0
0	1	1	1
1	0	0	0
1	0	1	1
1	1	0	1
1	1	1	1

④

入力			出力
A	B	C	X
0	0	0	0
0	0	1	1
0	1	0	1
0	1	1	1
1	0	0	1
1	0	1	1
1	1	0	1
1	1	1	1

イ の解答群

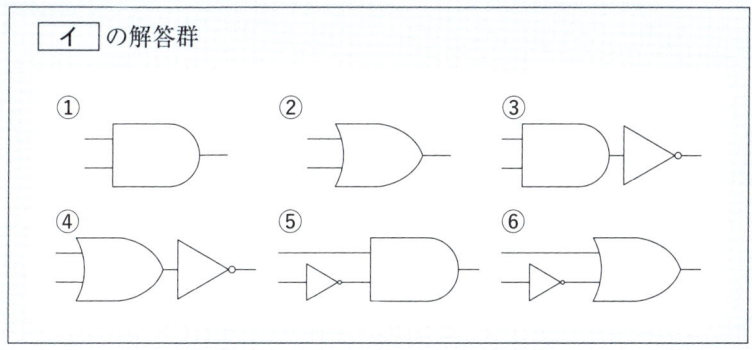

令和7年度大学入学共通テスト試作問題『情報Ⅰ』第1問 問3 改

　コンピュータのデータ処理の基本となる論理回路に関する問題です。論理積（AND）回路や論理和（OR）回路、否定（NOT）回路の違いを理解できているかを問うています。

　空欄アは入力と出力の対応を表す真理値表がどれかを問うものですが、ここは論理回路に関係なく「A・B・Cのうち2つ以上が1の時にXに1を出力」という条件を正しく読み取っていれば、解けると思います。その条件に合うものは③です。ちなみに①は3つ全部使用中の時だけ点灯、④は3つのうち1つでも使用中なら点灯の時の真理値表です。

　空欄イは、トイレの混雑を知らせる仕組みを実現する論理回路を完成させるものです。選択肢①〜⑥を順番に空欄にあてはめ、空欄アの真理値表のとおりになるかを調べるという力技でも解けなくはありませんが、「3つの入力のうち2つ以上が1の時に1を出力」という元々の条件から考えると答えに早くたどり着けるでしょう。

　A・B・Cのうち2つ以上が1ならば、A・B・Cからつながる3つのAND回路のうち少なくとも1つは1を出力するはずです。AとB、BとCからそれぞれつながる2つのAND回路のどちらか一方でも1を出力するなら、その先にあるOR回路は1を出します。またAとCからつながるAND回路は、AとCがともに1なら1を出力します。この両者がつながる空欄イは、「片方から1が入ってきたら、もう片方に関係なく必ず1を出力」しなくてはなりません。この条件にあてはまる論理回路は、選択肢②のOR回路しかありません。

正答は③、②

コンピュータを生かすために理解する

◆「ブラックボックス」ではもったいない

　問題解決を進めるならばデータで実証することが必要で、多様なデータを扱うならばコンピュータが欠かせません。コンピュータは昔に比べて各段に使いやすくなりました。コンピュータを詳しく知らなくても使えるようになったことは歓迎すべき半面、コンピュータの中身が外から見えない

「ブラックボックス」化が進んでしまったことは否めません。

　もちろん単に使えればいいというだけなら、ブラックボックスでも一向に構いません。しかし高度な問題を解決するためにコンピュータの性能を最大限に活用したいならば、コンピュータの原理や構造を理解し、それを生かせる処理を考えることが必要です。第3章は、処理能力の優れたコンピュータを人間の“味方”につけるための知識について紹介していきます。

◆「ハード」という機械と「ソフト」という手順書

　コンピュータは、本体の**「ハードウェア」**と、その上で動く**「ソフトウェア」**に大別され、それぞれハード、ソフトと略されます。ハードは機械として目に見える存在ですが、ソフトはそのコンピュータをどう動かすかを定義した手順書であり、電子的なデータとして記録されているため、それ自体を直接目にすることはできません。

　コンピュータはハードとソフトが組み合わさって動作します。目的に応じて最適な組み合わせを考えることが必要です。ただしハードは一度購入すると改造などで機能を変えることはほぼ不可能ですが、ソフトは購入後もユーザーが入れ替えることが容易です。目的に合わせて「柔軟に」変えやすいことが、ソフトと呼ばれるゆえんです。

ハードを構成する「五大装置」

◆ CPU はコンピュータの心臓的存在

　まずハードについて見ていきましょう。コンピュータのハードは**「五大装置」**と呼ばれる5つの装置から構成されています。入力装置、記憶装置、制御装置、演算装置、出力装置の5つです。

　このうちコンピュータの“心臓”とも呼ばれる存在が**「制御装置」**と**「演算装置」**です。制御装置は他の装置に対してどのような処理を行うのかを指示（制御）する装置で、演算装置は計算を行う装置です。コンピュータではこの2つを一体化した**「中央演算処理装置」**（**CPU**：Central Processing Unit）が、この機能を担っています。

　コンピュータは、計算する機械です。そのため狭義の意味でのコンピュータはこのCPUを指すこともありますが、それ単体でユーザーが使うことはできないので、一般的にはCPUにつながる装置も含めてコンピュータと呼んでいます。

　そのCPUにつながる装置が、キーボードやマウスなどデータをコンピュータに与える入力装置、データを記録する記憶装置、ディスプレイやプリンタなどデータを見せるための出力装置の3つです。ディスプレイが出力装置というのは違和感がある方もいるかもしれませんが、人間にデータを見せるという機能ではディスプレイもプリンタも同じです。

◆"書棚"から持ってきたデータを"作業台"で処理

　記憶装置は、演算装置が計算の場として使う「主記憶装置」と、計算に必要なデータやプログラムを保管しておく「補助記憶装置」に分かれます。主記憶装置は「メモリ」と呼ばれ、補助記憶装置には「ハードディスク」や「SSD」などがあります。これらはパソコンの基本的な仕様で見聞きしたことがあるのではないでしょうか。

　主記憶装置は、計算のための"作業台"のような存在です。CPUにある制御装置が計算対象のデータと計算方法のプログラムを作業台に広げ、演算装置がそこで計算を行い、制御装置がその結果に基づいて次の指示を出す流れになっています。

　主記憶装置が作業台ならば、補助記憶装置はデータとプログラムを保管する"書棚"のようなものです。制御装置が作業台の上に広げるデータやプログラムは、書棚である補助記憶装置から持ってきているのです。さらに演算装置による計算結果を書棚に戻すことも、制御装置が行っています（図3.1）。

　作業台の広さ（主記憶装置の大きさ）は限られているため、作業台と書棚（補助記憶装置）の間ではデータやプログラムの入れ替えをたびたび行わなくてはなりません。入れ替え作業は制御装置に負担を掛けるため、その回数が多いほどコンピュータの処理は遅くなります。入れ替えを減らして処理を速くしたいなら、作業台を広げる、すなわち主記憶装置のメモリ

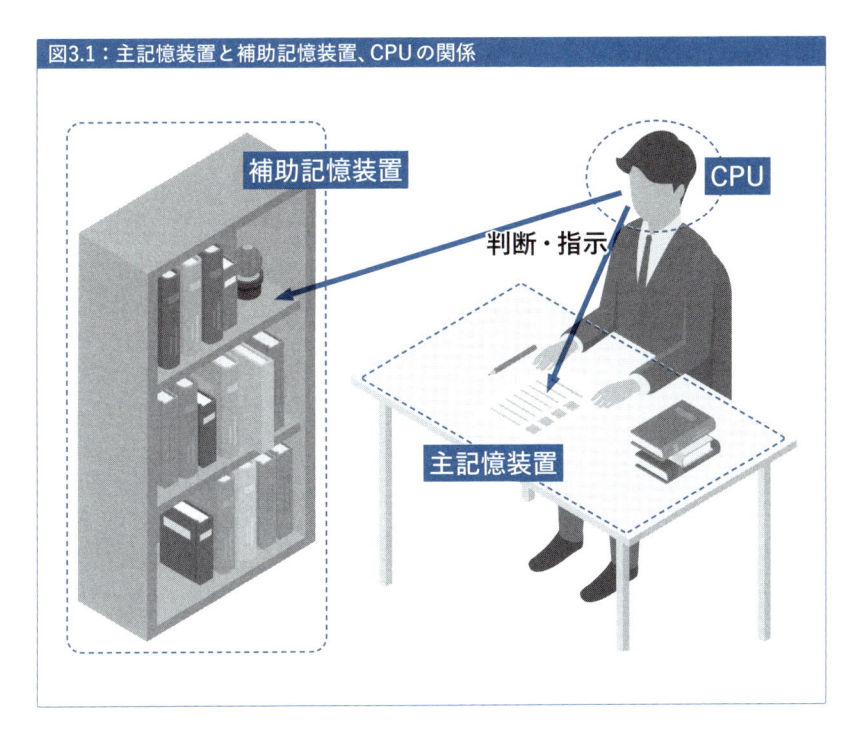
図3.1：主記憶装置と補助記憶装置、CPUの関係

補助記憶装置

CPU

判断・指示

主記憶装置

を増やすことが有効です。

「入れ替えが負担なら、主記憶装置を限りなく大きく増やして、補助記憶装置に保管しているデータを全部移してしまえばいいのでは？」と考える方がいるかもしれません。しかしメモリはハードディスクやSSDより記憶容量あたりの単価が高く、またメモリの場合電源を切るとその内容は全部消えてしまうため、大きなデータをずっと保管しておくことには向きません。それぞれの特徴を踏まえて、主記憶装置と補助記憶装置の役割分担が行われているのです。

ソフトはOSとアプリに大別される

一方、ソフトは「OS（Operating System）」と「アプリケーション」に大別されます。OSはWindowsやmacOS、スマホであればiOSやAndroidが該当します。OSは「基本ソフト」と訳されることもあり、ソフトの基盤

的な存在です。アプリケーションはスマホの「アプリ」で知られていると
おり用途ごとのソフトであり、OSと組み合わせて使います。

　OSはアプリとハードをつなぐ役目を持ちます。例えばファイルを表示し
たり数字を計算したりする機能は、どのアプリでも必要とします。これら
の機能はハードの五大装置が提供しているため、それをアプリから使おう
とするなら、ハードと接続する機能が各アプリに必要です。しかし各アプ
リが個別にこれらの機能を開発するのは効率が悪いうえに、アプリごとに
基本的な操作方法が異なるようなことにもなりかねません。

　そこでハードを使う機能はOSが共通機能として用意し、各アプリはOS
が用意する機能を使ってハードを使うようにしているのです。OSを間に置
くことによって、基本的な操作方法を共通化することも可能になっていま
す。

◆ 中間に位置する「ミドルウェア」

　なお高校の情報Ⅰではほとんど出てきませんが、ビジネスの場では「ミ
ドルウェア」という言葉を聞いたことがあるかもしれません。ミドルウェ
アはOSとアプリの間に位置するソフトで、アプリの機能の中でも汎用性
の高い機能を切り出して共通化したものです。OSからも切り出されている
ため、ミドルウェアだけ入れ替えるようなことが可能です。

　ミドルウェアの代表的なものに、データを蓄積したり検索したりするデー
タベース機能があります。データベース機能をミドルウェアに置き、各
アプリがその機能を共用する形です。ミドルウェアはOSやアプリから独
立しているので、データベースだけを新しいものにバージョンアップでき
ます。その場合、検索の高速化などデータベースの新しい機能の恩恵を、
アプリのバージョンアップを待たずいち早く享受できるようになります。

0と1で全てを処理する「論理回路」

◆ AND回路、OR回路、NOT回路

　2-2節で見たようにコンピュータはすべての情報を2進数で扱います。0

と１だけですべての情報を記録し計算するために使われているのが、**「論理回路」**です。論理回路はいくつかありますが、その中でも代表的なものが、本節冒頭の入試問題にもある「論理積（AND）回路」「論理和（OR）回路」「否定（NOT）回路」の３つです。いずれも０と１の情報を扱います。

　AND回路とOR回路はいずれも、２つの入力情報をもとに１つの情報を出力する回路です。違いは、AND回路は「入力が２つとも１の時だけ、出力が１になる」のに対し、OR回路は「入力のどちらか一方でも１なら、出力が１になる」というものです。NOT回路は入力情報をひっくり返す（否定する）もので、入力が０なら１、１なら０をそれぞれ出力します。

◆計算の基本となる「半加算回路」

　コンピュータはこれらを多数組み合わせた回路で２進数の演算を行っています。図3.2はその例**「半加算回路」**です。ＡとＢが計算対象の１ビットの数字で、その２つを足し算した結果がＣとＳに出てくる仕組みです。

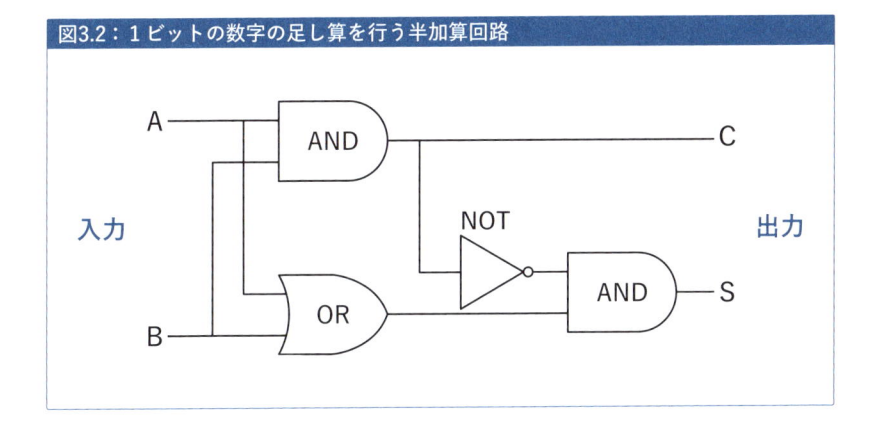

図3.2：１ビットの数字の足し算を行う半加算回路

　半加算回路で、ＡとＢに０や１が入って足し算を行う場合を考えてみましょう。ＡとＢがいずれも０の場合、回路をたどっていくとＣもＳも０が出ることになります。ＡとＢのいずれか一方が１、もう一方が０の場合は、Ｃは０、Ｓは１です。ＡとＢ両方とも１の場合、Ｃは１、Ｓは０になります。これは２進数の演算で１＋１は10になることに対応するものです。つまりＳはもともとの位の数字、Ｃは上の位に繰り上げる数字というわけで

す。

　この半加算回路は一番下の位でしか使うことができません。下の位の計算結果から繰り上がってくる数字を考慮していないからです。実際の足し算は、図3.2で言うところのAとBに加えて、下の位からの繰り上がり（0か1か）の計3つの入力が必要になります。これを実現する回路を「全加算回路」と言い、図3.3のように半加算回路を2つとOR回路を1つ組み合わせることで可能です。

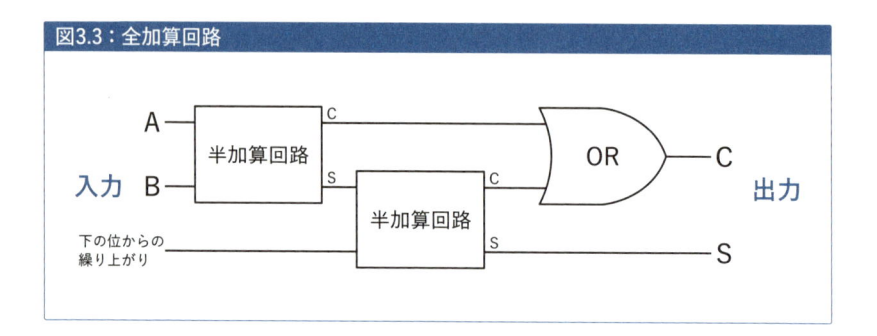

図3.3：全加算回路

コンピュータが計算を間違えることがある？

◆桁を打ち切るために起こる「丸め誤差」

　この全加算回路を多数連ねることで大きな数字でも計算が可能です。しかし、多数ですが無限ではありません。無限の桁数を持つ数字を扱うことはできないため、どこかで打ち切る"あきらめ"が必要です。そのあきらめが、ごく稀に計算の誤差となって現れることがあります。

　その代表例が「丸め誤差」と呼ばれるものです。例えば10進数で「0.1」という数字を考えてみましょう。コンピュータで計算するためには2進数にしなくてはなりません。0.1を2進数にすると、0.0001100110011…という具合に無限に0と1が連なる形になります。しかしコンピュータで扱える桁数は有限であるため、どこかで打ち切らざるを得ません。打ち切ったということは、実体の0.1とは微妙に違う値になったわけです。

　その違いは、数字単体ではほとんど分かりません。しかし違いを含んだ値を繰り返し計算に使っていくと、「塵も積もれば山となる」状態で、想定

したものと違う計算結果が出ることがあります。実際、0.1＋0.1＋…という具合に0.1を100個足すと、理論上は10になるはずですが、プログラムでこの計算を行わせると9.999999999…となったりします。これが丸め誤差です。

◆コンピュータの癖を知ってうまく付き合う

　この他にも、コンピュータが有限であることに起因する誤差はあります。計算結果が大きすぎ、または小さすぎて桁数からあふれてしまう「桁あふれ」、大きさが極端に違う2つの数字を計算するときに、有限の範囲の中で2つの数字を同時にカバーできないために起こりうる「情報落ち」などがあります。

　もっとも、こうした誤差が実際に目に見える形で明らかになるのはまれで、誤差がその後の制御に影響を与えるようなケースはまずありません。しかしその存在を知らないと、突然目にしたときに慌てたりもするでしょう。

　データは人間が意思決定の材料にするためのものです。意思決定に影響のない範囲であれば、誤差を四捨五入などで隠したり、誤差を回避できる計算方法を考えたりしても問題はないはずです。そうした対応をすることも、コンピュータとうまく付き合う方法なのです。

コンピュータ版「仕事の手順書」
アルゴリズム

入試問題を**Check!**

110円から140円のジュースが販売されている自動販売機がある。この自動販売機は，硬貨を１枚ずつしか投入できない。50円硬貨３枚を投入し，この自動販売機から好きなジュースを買い，お釣りのお金を受け取る人の動作の流れを表すフローチャートを完成させたい。図のフローチャートの（ア）〜（エ）の空欄にあてはまる語句を次の選択肢から選べ。

【選択肢】
①2　　②3　　③5
④50円硬貨の投入
⑤購入ボタンの押下
⑥ジュースの取り出し

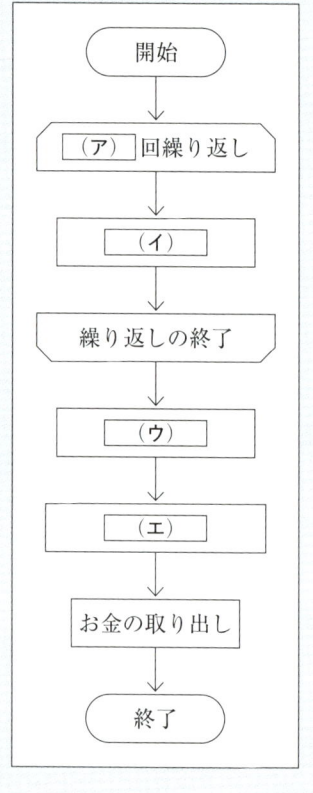

広島市立大学情報科学部　一般選抜後期日程　個別学力検査　模擬問題B　第３問改

自動販売機の処理の流れを書いたフローチャートを完成させる問題です。自動販売機の動作を、コンピュータの観点から具体的にイメージすることがポイントです。

「開始」の後、台形から始まっている区間は、「(ア)回繰り返し」とあるように指定した動作を繰り返すところです。繰り返す動作は2つの台形の間に書かれており、ここでは「(イ)」です。この自動販売機はジュース購入の際、まず50円硬貨を1枚ずつ、計3枚入れるのですから、50円硬貨を入れる動作を3回繰り返すことになります。したがって（ア）は②「3」、（イ）は④「50円硬貨の投入」です。

それに続く（ウ）と（エ）は、残りの選択肢からして⑤「購入ボタンの押下」か⑥「ジュースの取り出し」のいずれかです。購入ボタンを押す前にジュースが出てくるはずはないので、（ウ）は⑤、（エ）は⑥になることは想像できると思います。

正答は②、④、⑤、⑥

コンピュータは融通が利かない

プログラミング関連の授業を始める際、私は最初に「コンピュータは、実は賢くない」という話をすることがあります。

- コンピュータは頼んだことしかやってくれない
- コンピュータは一度に一つのことしかできない
- コンピュータは0と1しか知らない

というのが、コンピュータが賢くないとする理由です。コンピュータは頭が固く、融通が利かないのです。

しかしコンピュータには、人間が到底叶わない高速な計算能力があります。3-1節でも書いたように、その計算能力を使って高度な問題解決を行おうとするなら、融通が利かない"分からず屋"であっても人間の味方に引き込むしかありません。ならば融通が利かないことを前提に、人間が仕事の手順を考えて提示してあげる必要があります。そのコンピュータの特性に合わせた仕事の手順が**「アルゴリズム」**と呼ばれるもので、それを図式化したものの一つがこのフローチャートです。

身の回りのアルゴリズムを考えてみよう

◆押しボタン式横断歩道のアルゴリズム

　アルゴリズムはコンピュータ専用の考え方というわけではありません。コンピュータが直接関係しない作業でも、作業の手順を明確化するのに使われています。アルゴリズムを実際に考えてみることは、融通の利かないコンピュータを使いこなすうえで効果的なトレーニングになり得ます。

　身近な例として「押しボタン式の横断歩道」のアルゴリズムを考えて、フローチャートにしてみましょう。ボタンを押すと信号が青になって渡れる横断歩道です。それを冒頭の入試問題のようなフローチャートにするならどのようなものになるでしょうか。

「『ボタンを押す』と『横断歩道を青にする』だけじゃないの？」と思う方がいるかもしれません。しかし青で人を横断させる前に、まず車を止めないといけませんよね。したがって両者の間に「車道の信号を赤にする」処理が必要です。さらに車が急ブレーキを踏むと危ないので、「車道の信号を赤にする」前には「車道の信号を黄色にする」処理があるべきです。

　これらの処理をフローチャートに書くと図3.4のようになります。この処

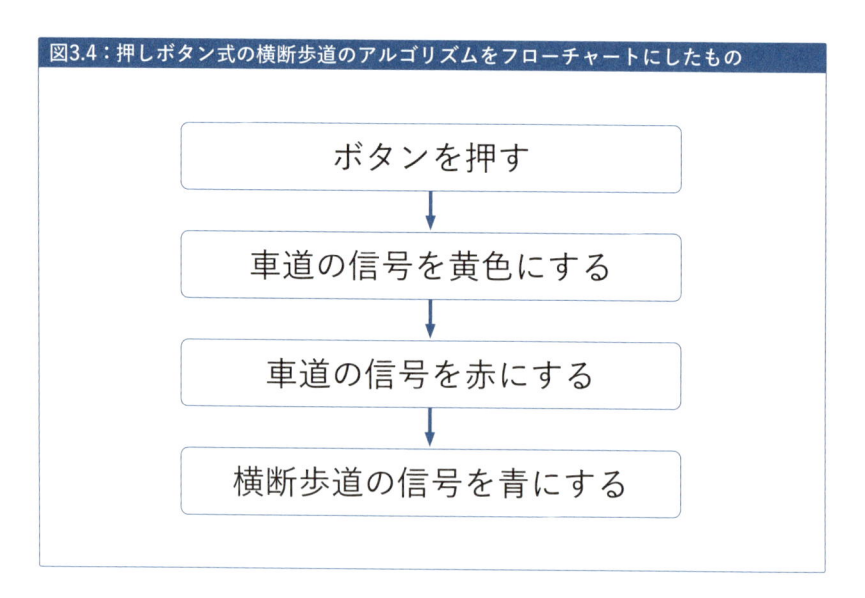

図3.4：押しボタン式の横断歩道のアルゴリズムをフローチャートにしたもの

ボタンを押す

車道の信号を黄色にする

車道の信号を赤にする

横断歩道の信号を青にする

理の順序を勝手に変えると事故が起きてしまいます。決められた順序通りに行う処理を「順次」処理と言い、アルゴリズムはこの順次で基本的な構造ができています。

◆お釣りを返す自動販売機のアルゴリズム

次に「お釣りを返す自動販売機」のアルゴリズムを考えてみましょう。冒頭の入試問題は投入するお金を50円硬貨3枚に限定していましたが、いろんな硬貨を使えるという前提で、お釣りを計算して払い戻す手順をフローチャートにしてみます。

フローチャートは「投入したお金を数える」処理から始めたいと思います。正確にはその処理もフローチャートにすべきなのですが、複雑になるのでここではその処理まで終わっているものとします。次に来るのは冒頭の入試問題のように「購入ボタンの押下」で、その次にお釣りを返す処理が来ます。さてそのお釣りはどのように計算されるでしょうか。

図3.5：お釣りを返す自動販売機のアルゴリズムをフローチャートにしたもの

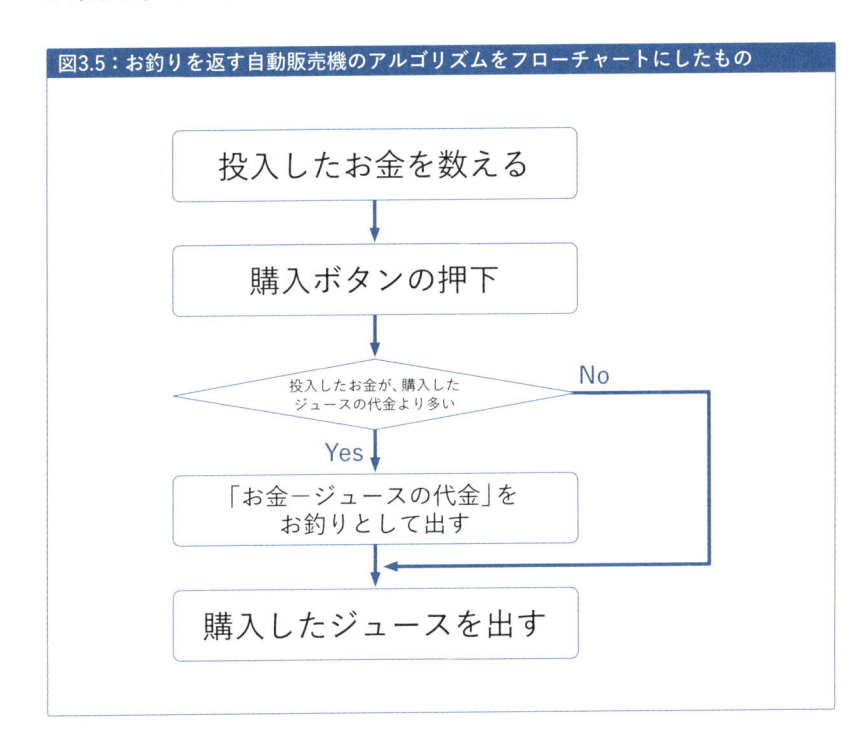

　使えるのが50円硬貨３枚に限定されているならば、150円未満の商品にはお釣りが必ず発生しますが、いろんな硬貨を使えるならば110円や140円などをちょうど投入することもできます。ちょうどならばお釣りが出てはいけません。お釣りが出るのは「投入したお金が、購入したジュースの代金より多い」場合で、その差額をお釣りとして出します。つまり、投入したお金によって次の処理を変えなくてはなりません。

　このように条件に応じて次の処理を変えることを「選択」または「分岐」処理と言います。フローチャートでは前ページの図3.5のようにひし形のアイコンで書かれることが多く、次の処理に向かう矢印が複数あるのが順次と違う点です。どの矢印に従うかは、そこに書かれた条件にあてはまるか否かで決まります。

◆電気ポットのアルゴリズム

　次は「電気ポット」のアルゴリズムを考えてみましょう。水を加熱してお湯を作る電気ポットは、中のお湯が100度に達せば自動的に加熱を終了します。つまり100度になるまで加熱という処理を続けるわけです。このように一定条件に達するまで繰り返す処理を「反復」処理と言います。「ループ」と呼ばれることもあり、フローチャートでは冒頭の入試問題のよう

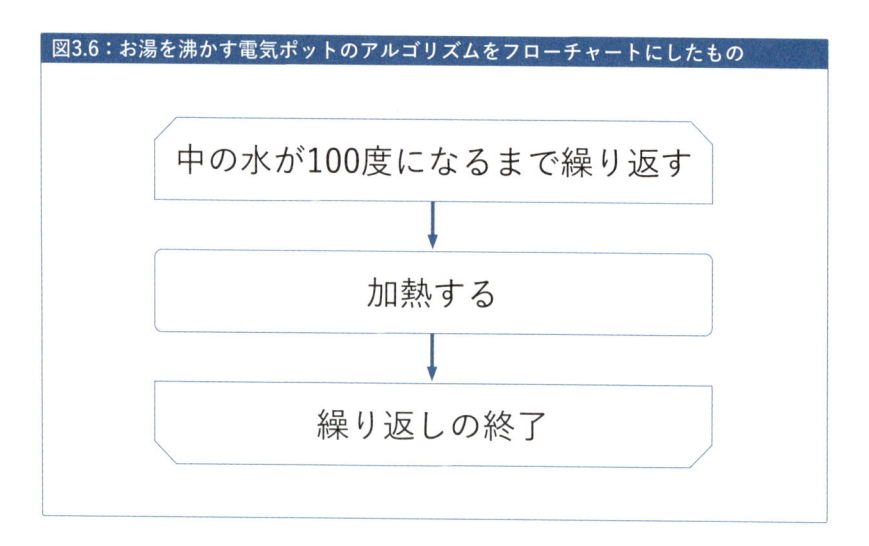

図3.6：お湯を沸かす電気ポットのアルゴリズムをフローチャートにしたもの

中の水が100度になるまで繰り返す

加熱する

繰り返しの終了

に2つの台形で表現します。

　2つの台形の間に挟まれた部分が、実際に繰り返す処理です。単に繰り返すだけだといつまで経っても終わらないので、最初の台形に繰り返しの回数、または繰り返しを終える時の条件を書きます。この電気ポットの場合で言えば「中の水が100度になるまで」です（図3.6）。

　ちなみに今の多くの電気ポットは小さなコンピュータを搭載しており、ポット内部の温度変化をもとに空焚き防止機能も実現しています。ポット内に空気しかないとき、内部の温度は急上昇します。ポットが搭載するコンピュータがその温度上昇の傾きを計算し、一定以上ならば空焚きと認識して自動的に電源を切る仕組みです。それは先ほどの「選択」処理と言えるでしょう。

アルゴリズムを考える本当の目的

◆素数かどうかを調べるアルゴリズム

　このようにアルゴリズムは、人間がひとくくりの作業として認識しているものを、一つひとつ分解し、適切な順序で並べ替えたりすることで明確化したものです。そんな面倒なことをわざわざ行うのは、一義的には融通の利かないコンピュータに作業をやらせるためですが、もう一つ目的があります。作業を客観的に分析してその本質を理解し、より効率的な作業のやり方を考えるヒントになりえるからです。

　例えば「ある数字が、素数かどうかを調べる」という作業を考えてみます。素数は、1と自分自身以外では割り切れない数字です。ある数字を n とするなら、2から3、4……と順番に n を割ってみるのがいいでしょう。その過程で割り切れる数字が発見できれば、n は素数ではないことになります。

　これを具体的なアルゴリズムとしてフローチャートにするとどのようになるでしょうか。まず思いつくのは、条件に応じて手順を変える「選択」処理を使って、「n が2で割り切れたら、素数ではない」とする手順かもしれません。しかし2だけでなく3以上の数字でも調べる必要があり、選択

だけでフローチャートにするとかなり大きなものになってしまうでしょう。そもそもnが具体的にいくつか分からないので、いつまで選択を行えばいいかも分かりません。

　調べていく中で変化するのは割る数字だけで、1つずつ増えているだけです。そこですべて選択にするのではなく、「割り切れなかったら、割る数字を1つ増やす」と考えれば、もっと単純になるでしょう。それを割り切れる数字を発見できるまで繰り返すことになるので、「反復」処理を使うことができます。

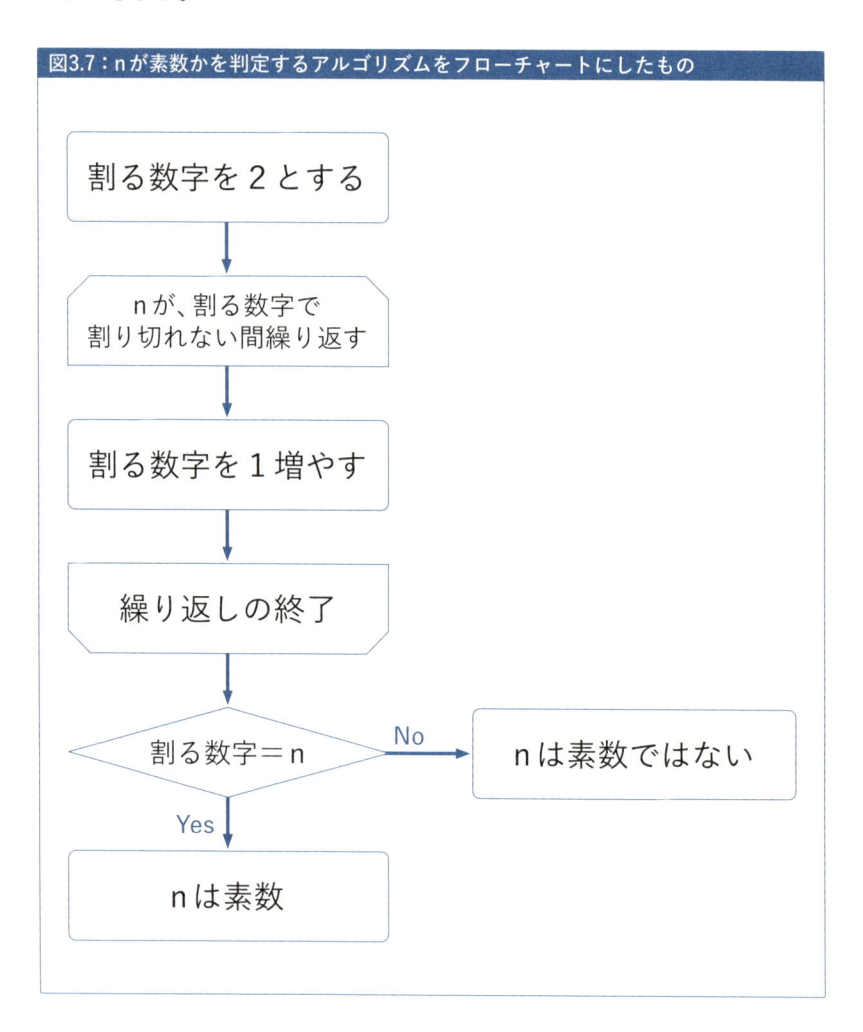

図3.7：nが素数かを判定するアルゴリズムをフローチャートにしたもの

反復処理を使って作ったフローチャートは図3.7のとおりです。反復を終わらせる条件は「nが、割る数字で割り切れない間」としました。もしnが4以上の偶数なら、割る数字として最初に設定した2で割り切れるので、繰り返す処理である「割る数字を1増やす」ことは一度も行われずに、割る数字は2で決定します。すると次の選択「割る数字＝n」は「No」になるので、「nは素数ではない」となるわけです。逆に割り切れる数字が見つからないまま1つずつ増え続けた結果、割る数字がnそのものに達せば、そのnは素数と判定できます。

◆アルゴリズムを改善する

　勘のいい人は、このアルゴリズムにはムダがあるのに気づいたかもしれません。

　割る数を2から1つずつ増やすのは、1と自分自身以外で割り切れる数字があるかどうかを調べるためです。しかし10を割り切れる数字は、10自身を除けば5が最大であるように、n自身以外にnを割り切れる数字は、nを2で割った数字が最大のはずです。ですから反復を終わらせる条件としてもう一つ「割る数字がn/2以下の間」を足し、「割る数字＝n」を「割る数字＞n/2」に変えれば、ムダな計算を省くことができるでしょう。

　さらに言えば、例えばnが11で2でも3でも割り切れないなら、割った結果が3以下になる4で割って調べる必要はありません。割る数が割った結果の数を超えたらもう調べなくてもいいので、調べなくてはならない数字はn/2までではなく、2乗するとnになる数字、つまり$\sqrt{n}$までで事足ります。

　このように、一度できあがったアルゴリズムでも、アイデア次第で改善することができます。この場合で言えば、割り切れるかどうかを調べる数字が、nではなく$\sqrt{n}$まで小さくなったことで、繰り返す回数が大幅に減ります。その分、処理が速くなることが期待でき、作業効率の向上が望めるというわけです。

　ちなみに素数を調べるアルゴリズムの研究は昔から盛んに行われており、代表的なアルゴリズムに「エラトステネスのふるい」というものがありま

す。ｎまで並べた数字に対し、２から順番にその倍数をふるいにかけるように消していくことで、最終的に素数だけが残るようにするものです。例えば25以下の素数を調べるならば、２〜25までの数字に対して、まず２の倍数を消し、次に３の倍数を消し、４の倍数は２の倍数で消去済みなので次は５の倍数を消す、という具合に順番に消していくものです。

◆アルゴリズムは実社会に役立つ

　一連の作業をアルゴリズムとして整理することの効果は、それ以外にもあります。グローバル化が進む中、多様な人材とコミュニケーションを取りながら共同で仕事を進めていくうえでも、物事をアルゴリズムで考えることは有効です。

　日本人は歴史的に国民全体の教育レベルが高いと言われてきました。そのため、日本では人に何か仕事を依頼する場合、依頼内容が曖昧であっても、依頼を受けた人が適切に判断して曖昧な部分を自ら補ってくれるため、依頼が完結していました。しかし仕事の依頼先が多様化すると、日本国内のような機転は期待しにくくなります。

　特に欧米のビジネスの世界は、互いの責任範囲が明確です。曖昧さを最初から排除しておかなくては、良好な協力関係は築くことはできないでしょう。

　曖昧さをなくすためには、物事の中身を適切に分析し、それぞれの役割を明らかにして具体化しなくてはなりません。それはまさにアルゴリズムを考えることそのものです。情報Ⅰが単なるコンピュータ教育ではないという理由は、アルゴリズムの章からも見て取れるのです。

すべてはたった３つの処理方法でできている
プログラミング（1）

入試問題を Check！

次の文章の空欄ア～カに入れるのに最も適当なものを，後の解答群のうちから一つずつ選べ。

Ｓさんは，ある与えられた金額（100円以下）について，その金額ちょうどになる最小の硬貨枚数を計算するプログラムを考えてみた（図１）。このプログラムは，例えば与えられた金額が46円であれば，6枚（10円玉4枚＋5円玉1枚＋1円玉1枚）と計算するものである。

配列Koukaには硬貨の額を低い順に設定している。なお，配列の添字は０から始まるものとする。最低額の硬貨が１円玉なのでKouka[0]の値は１となる。変数kingakuには，与えられた金額が入る。ここでは例として金額を46円としている。

金額に対して，高額の硬貨から使うように考えて枚数と残金を計算していくことにする。ある額の硬貨が何枚まで使えて，残金がいくらになるかを計算するには，整数値の商を求める演算「÷」とその余りを求める演算「％」が使えるとする。例えば46円に対して10円玉が何枚まで使えるかは ア で，その際にいくら残るかは イ で求めることができる。

Ｓさんは，高額の硬貨から何枚まで使えるかを計算する方式で，(4)～(6)行目のような繰り返し文にした。この繰り返しで，変数maisuに支払いに使う硬貨の枚数の合計が計算され，変数nokoriに残りいくら支払えばよいか，という残金が計算される。

図１のプログラムを実行してみると「6」が表示されたので，正し

く計算できていることが分かった。

図1 目標の金額ちょうどになる最小の硬貨枚数を計算するプログラム

```
(1)  Kouka = [1,5,10,50,100]
(2)  kingaku = 46
(3)  maisu = 0, nokori = kingaku
(4)  i を  ウ  ながら繰り返す:
(5)  | maisu =  エ  +  オ
(6)  └ nokori =  カ
(7)  表示する (maisu)
```

ア ・ イ の解答群

① $46 \div 10 + 1$ ② $46 \% 10 - 1$

③ $46 \div 10$ ④ $46 \% 10$

ウ の解答群

① 5から1まで1ずつ減らし ② 4から0まで1ずつ減らし

③ 0から4まで1ずつ増やし ④ 1から5まで1ずつ増やし

エ の解答群

① 1 ② maisu ③ i ④ nokori

オ ・ カ の解答群

① nokori ÷ Kouka[i] ② nokori % Kouka[i]

③ maisu ÷ Kouka[i] ④ maisu % Kouka[i]

令和7年度大学入学共通テスト試作問題『情報Ⅰ』第3問 問2改

　プログラミングの問題です。プログラミングはまず具体的な例をもとに検討し、それをどんな値にも適用できるように抽象化していくのがセオリーです。この問題も46円という具体的な金額に対して、10円玉が何枚使え

るかというところから話が始まっています。その計算を「÷」と「%」を使って行わせているのが空欄アとイです。アは46円の支払いに使える10円玉の枚数ですから③（46÷10）です。%は問題文にあるとおり、割り算の余りを求める演算子です。残り6円は、46円を10円で割った余りととらえることができます。よってイは④（46 % 10）です。

空欄ウ以下は実際のプログラムの穴埋め問題です。与えられた金額46円は変数kingakuに入っており、「nokori = kingaku」とされているので、変数nokoriに対して空欄アとイ同様の処理を行います。

nokoriの46円を、配列Koukaに入っている硬貨の額で割った商をその硬貨が使える枚数として数え、割った余りを新たなnokoriとし、別の硬貨で割って使える枚数を数えることを繰り返します。それぞれの枚数を変数maisuに順番に足し上げていけば、最終的に求める枚数が変数maisuに入ります。したがって空欄エは②（足し上げる前のmaisu）、空欄オは①（足す枚数であるnokori ÷ Kouka[i]）、空欄カは②（Kouka[i]を使った後の余りであるnokori % Kouka[i]）です。

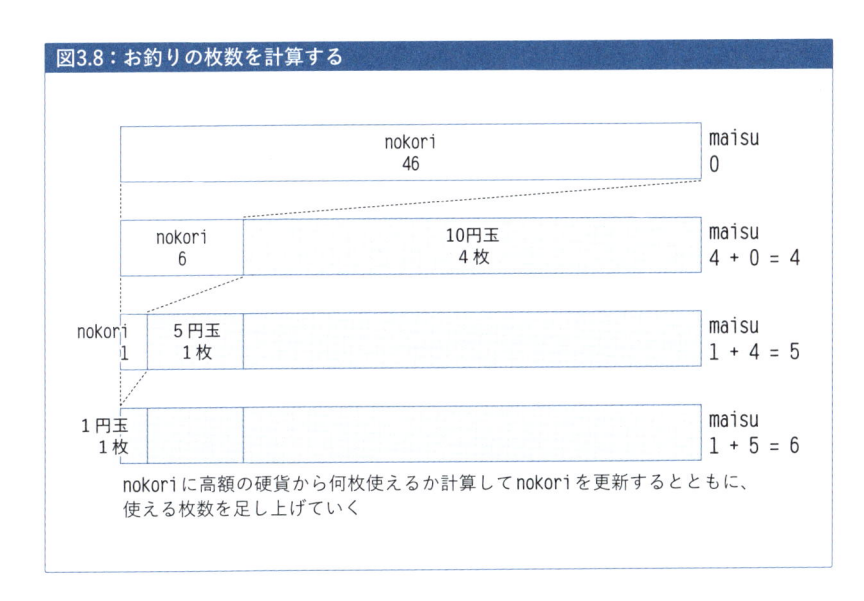

図3.8：お釣りの枚数を計算する

nokori 46		maisu 0
nokori 6	10円玉 4枚	maisu 4 + 0 = 4
nokori 1	5円玉 1枚	maisu 1 + 4 = 5
1円玉 1枚		maisu 1 + 5 = 6

nokoriに高額の硬貨から何枚使えるか計算してnokoriを更新するとともに、使える枚数を足し上げていく

残る空欄はウです。配列Koukaの添字であるiをどう変化させるかですが、問題文に「高額の硬貨から使う」と書かれているので、Koukaの一番

後ろ（ここでは100）から順番に割っていくことになります。Kouka には 5 種類の硬貨があり、問題文に「配列の添字は 0 から始まる」と書かれているので、一番後ろの添字は 4 です。そこから配列の一番前に向けて 3、2、1、0 と減らしていくので、空欄ウは②（4 から 0 まで 1 ずつ減らし）です。

正答は③、④、②、②、①、②

人間の言葉をコンピュータの言葉に変換する

前の 3-2 節の冒頭で「コンピュータは、実は賢くない」という話をしました。コンピュータに仕事を頼むには、仕事をアルゴリズムとして分解・整理することが必要です。それにより「頼んだことしかやってくれない」「一度に一つのことしかできない」コンピュータでも、人間のために力を発揮してくれるようになります。

もう一つ、コンピュータが賢くない理由として「コンピュータは 0 と 1 しか知らない」を挙げていたことを覚えていますでしょうか。2-2 節でも説明したとおり、コンピュータは 2 進法ですべてを処理します。そうすると仕事の依頼も 2 進法でなくてはなりませんが、人間が 2 進法で仕事の依頼文を書けるわけがありません。

しかし現実にはそんなことをしなくても済む便利な道具があります。人間が分かる言葉で仕事の依頼文を書いたら、自動的にコンピュータが分かる言葉に翻訳してくれる「**プログラミング言語**」です。プログラミング言語でアルゴリズムを書いた文が「プログラム」です。

プログラミング言語にはいくつもの種類があります。高校の情報 I では、比較的簡単で AI（人工知能）の活用にも適しているとされる「Python」や、多くのビジネスパーソンが使い慣れた Excel で使える「VBA」、Web サイト上で動作する「JavaScript」などが、プログラミングの授業で使われています。

本書はこれらのプログラミング言語を学ぶのが目的ではないため、大学入学共通テスト用に用意されている架空のプログラミング言語（共通テス

ト用プログラム表記）で、プログラミングの世界を紹介していきます。英語が元になっている一般的なプログラミング言語と違い、共通テストで使われるプログラミング言語は日本語で記述するため、プログラミング言語固有の機能名などを覚えることなくプログラミングの世界を体験することができます。

値を入れる「変数」と「配列」

◆変数は「値を入れておく箱」

　まず冒頭の入試問題の解説にある**「変数」**と**「配列」**について説明します。いずれもコンピュータで処理する対象の値を入れておくものです。

　変数は、処理対象の数字や文字を一つだけ入れておくことのできるものです。値を入れておく「箱」みたいな存在と考えるといいでしょう。冒頭の入試問題では、(2)行目に「kingaku = 46」と書かれています。これは「kingakuという名前の箱に、46を入れておく」という意味であり、以後プログラム中にkingakuが出てきた時は、それは46という数字として扱います。

　変数の値は、別の値で上書きすることが可能です。例えば変数maisuは(3)行目で「maisu = 0」とされていますが、(5)行目で「maisu = エ + オ 」と書かれています。これは、maisuは最初は0ですが、その後空欄エと空欄オを足したもので上書きする（置き換える）という意味です。変数として指定した値は、プログラムによる計算の過程で変わっていくのが常で、計算を最後まで行った結果の変数の値が、求める結果になるケースが多いです。

　逆に別の値で上書きされないならば、変数はずっと同じ値を維持します。途中で値が消えたりすることはありません。何もしなければずっとそのまま、新しい値で上書きしたら前の値は消える、というのが変数の原則です。

◆配列は値を複数入れることが可能

　一方、**配列**は複数の値を同時に入れておくことができるものです。一つ

の変数には一つの値しか入りませんが、一つの配列にはいくつもの値を並べて入れておくことができます。弁当に例えるならば、変数はご飯やおかずをそれぞれ別の容器に入れた弁当なのに対し、配列は一つの弁当箱に間仕切りを使って全部詰めたものと言えるでしょう。

　配列は、同じような変数をいくつも使うようなケースで重宝します。例えば冒頭の入試問題では、使える硬貨として1円、5円、10円、50円、100円が登場します。これらを計算のために変数に入れるならば、Kouka1、Kouka2のように硬貨の種類の数だけ変数を用意しなくてはなりません。しかし配列にすれば、入試問題の(1)行目のように「Kouka」という配列の中にすべて収めてしまうことが可能です。ムダに変数を増やすことなく、プログラムを分かりやすくできるというのが、配列を使う効果の一つです。

　値を複数詰め込んでいても、計算するときにはどれを使うのかを特定しなくてはなりません。配列の中のどの値かを特定するときに使うのが、配列名の後ろに添えられた「添字」です。[ ]で囲われた数字は「要素番号」と呼ばれ、配列の先頭は「0」番、以下1、2……と続きます。

　入試問題にある「Kouka = [1, 5, 10, 50, 100]」という配列ならば、Kouka[0]は配列先頭の値の「1」、Kouka[1]は配列2番目の値の「5」を示します。添字にある要素番号で、配列の中に並んだ値から個々の値を指定する仕組みになっています。

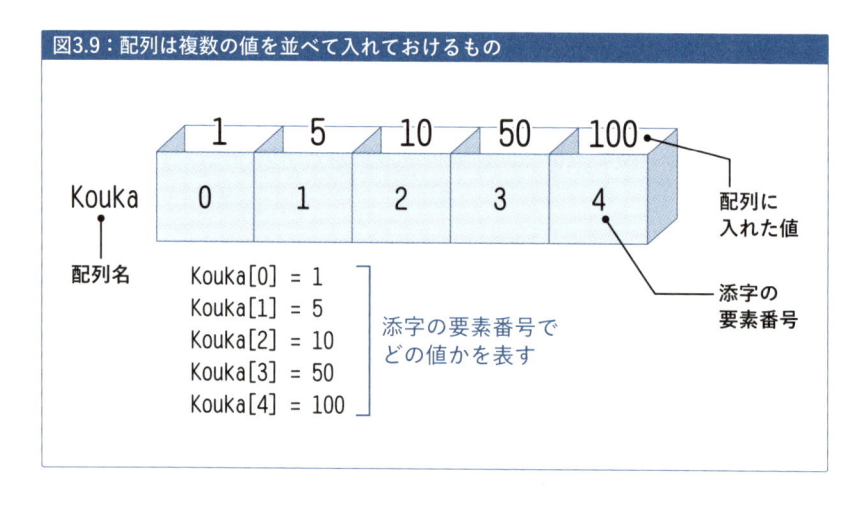

図3.9：配列は複数の値を並べて入れておけるもの

ただし現実のプログラムでは、要素番号が0や1など最初から具体的に特定されていることは稀です。入試問題のように「Kouka[i]」という形で要素番号自体を変数（ここではi）にして、抽象化している場合がほとんどです。

プログラムは「順次」「選択」「反復」で処理する

◆順番が正しくないと動かない 一順次

　プログラムでは変数や配列に入れた値を、3-2節で説明したアルゴリズムの基本である「順次」、「選択」、「反復」の3つの手順を使って処理していきます。

　順次の処理は、行いたい処理を上から順番に書いていくことで実現します。単純ですが、書く順番は正確さが要求されます。例えば冒頭の入試問題のプログラムでは、最後の(7)行目で「表示する(maisu)」と書かれています。これは「変数maisuの値を表示する」という意味です。この「表示する」機能を使って、例えば「maisu = 10」の後に「表示する(maisu)」と書けば、プログラムは「10」を表示してくれます。

　しかし逆に「表示する(maisu)」の後に「maisu = 10」すると、その途端にプログラムはエラーを起こしてしまいます。コンピュータは1行目を

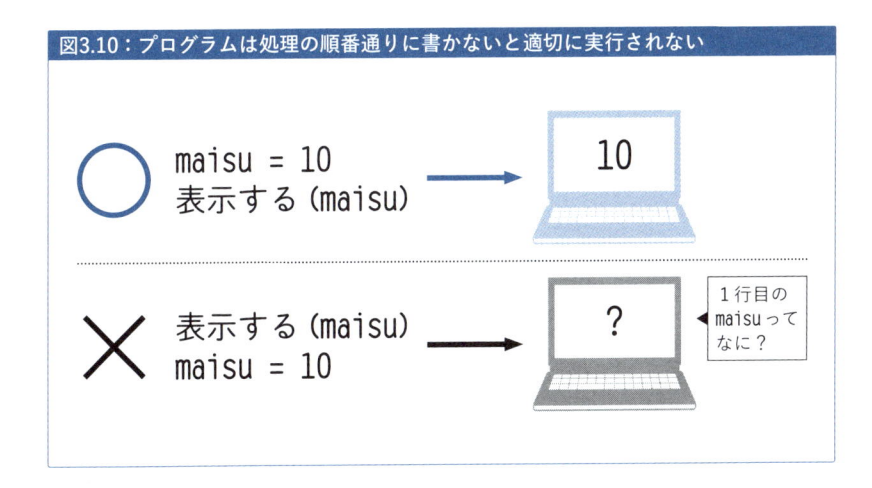

図3.10：プログラムは処理の順番通りに書かないと適切に実行されない

見た時に「maisuってなに？」と戸惑ってしまうからです。次の行に書いてあっても考慮してくれない、つまり「融通が利かない」ので、ちゃんと順番を考えてあげることが重要です。

◆条件とその時の処理を指定 ―選択

選択は、ある条件を満たすかどうかで次の処理を変えるものです。プログラムでは「もし○○であれば、××する」という形で条件とその時の処理を指定します。

例えば、「変数 a に入っている値の絶対値を表示する」というプログラムを考えてみます。a が正の値ならそのまま、負の値ならマイナスの符号を取ったものが絶対値になります。a の値によってその後の処理が変わるという点で、選択の処理を必要とします。

まず a が正、つまり a > 0 ならばそのまま表示すればいいので、「もし a > 0 ならば」→「表示する (a)」で可能です。

a が負、つまり a < 0 の時に a からマイナスの符号を取るという処理は、どのように指定すればよいでしょうか。コンピュータは計算機なので、処理は基本的にすべて数式で表現しなくてはなりません。マイナスの符号を取ることは数式で言うと「－1 を掛ける」です。プログラムの中では数値を四則演算することが可能であり、乗算は「*」で表すので、「もし a < 0 ならば」→「表示する (a * (-1))」になります。なお一般的な数式では小カッコ （ ）や中カッコ ｛ ｝などを使い分けますが、プログラムでは小カッコをそのまま重ねて使います。

ただしこの例のように正か負かという二択ならば、一方の条件を指定すれば、もう一方はそれ以外ということになります。正の場合を先に指定し、あとは「そうでなければ」にすれば自動的に負の場合になります。この方法ならば、先ほどの分け方では抜け落ちていた「a = 0」の時もカバーできます。a が 0 の時はそのままでも－1 を掛けても結果は同じなので、どちらに分けられても構いません。

以上の考え方を活用して作ったプログラムの例がリスト3.1です。

リスト3.1：変数aに入っている値の絶対値を表示するプログラムの例

```
01  a = 調べたい数字
02  もし a > 0 ならば：
03      表示する (a)
04  そうでなければ：
05      表示する (a*(-1))
```

◆ある回数だけ繰り返す ―反復その１

反復は、一定条件に達するまで繰り返す処理です。条件を指定し、その後に繰り返す処理を記しますが、どうなったら繰り返しを終えるかの条件の指定には２通りあります。

一つは、「指定した回数だけ」繰り返す場合です。例えば「１から10まで順番に表示する」というプログラムを作る場合を考えます。先ほど紹介した「表示する」機能を使って「表示する (1)」「表示する (2)」のように10まで続ければ、１から10まで表示できますが、単に羅列するのは今ひとつスマートではありません。10ではなく100までだったりすると全部書くのは大変です。

しかし反復を使えば簡素なプログラムになります。表示する数値が１から10まで変わるだけなので、この数値の部分を変数にし、「変数を１増や

図3.11：１から10まで順番に表示するプログラム

```
表示する (1)
表示する (2)
表示する (3)        同じ      iを１から10まで１ずつ増やしながら繰り返す：
表示する (4)      ←――→          表示する (i)
表示する (5)
表示する (6)
表示する (7)
表示する (8)
表示する (9)        左のように書くこともできるが、
表示する (10)       右のように反復を使うことで簡素なプログラムにできる
```

す」ことと「変数を表示する」ことを10回繰り返すようにするわけです。変数を「i」とするなら、繰り返しを終えるのは1から始まったiが1ずつ増えて10になった時です。そこで条件を「iを1から10まで1ずつ増やしながら繰り返す」とし、その次に繰り返す処理を「表示する (i)」とすることで、プログラムは前ページの図3.11の右のように2行で完結できます。

◆指定した条件の間繰り返す ―反復その2

もう一つの繰り返しの指定方法は、「変数が条件を満たしている間」です。条件を指定し、その後に繰り返す処理を書くという方法は、先ほどの「指定した回数だけ」繰り返す時と共通です。しかしこの「変数が条件を満たしている間」の場合、条件を満たさなくなるまで何回繰り返すのかは分かりません。それが先ほどの指定した回数だけ繰り返すパターンとの大きな違いです。

例として3-2節で取り上げた「ある数字が、素数かどうかを調べる」という作業を考えてみましょう。3-2節ではこの作業を行うのに、2から順番に割り切れるかどうかを調べるアルゴリズムを紹介しました。「割り切れるまで繰り返す」というのは、「割り切れない間繰り返す」というのと同義です。割り切れない間、割る数字を2から1ずつ増やす処理を繰り返すわけです。

冒頭の入試問題のように割り算の余りを求める演算子を「%」とし、ある数字をnとするなら、それを2で割った余りは「n % 2」と表現できます。割り切れないということは、割った余りが0ではないということです。一般的な数式では「等しくない」は「≠」で示しますが、多くのプログラミング言語では「!=」で示します。つまりnが2で割り切れないというのは、「n % 2 != 0」と表せます。

これを満たす間、割る数字を2から1ずつ増やしていくことを繰り返します。割る数字を「i」という変数にすると、プログラムの開始時点ではiは2で、繰り返す条件は「n % i != 0」、繰り返す処理はiに1を加えることになります。

これをプログラムとして表現するとリスト3.2のようになります。繰り返

しは割り切れた時点で終了するので、繰り返し終了時点のiがnそのもの
かそうでないかで素数か否かを判定できます。

リスト3.2：変数nが素数かどうかを調べるプログラムの例

```
01  n = 調べたい数字
02  i = 2
03  n % i != 0の間繰り返す：
04      i = i + 1
05  もしn == iならば：
06      表示する("素数")
07  そうでなければ：
08      表示する("違う")
```

このプログラムの4行目の「i = i + 1」は、一見奇妙に見えるかもしれ
ません。プログラミング言語では「=」は「代入する」を意味し、「i = i
+ 1」は「iにi+1を代入」、すなわちiを1増やすという意味になります。
代入ではなく純粋に「等しい」という意味を持たせる場合、多くのプログ
ラミング言語では5行目のようにイコールを2つ連ねた「==」を使います。

それでもプログラムを作る意義

実はこのようなプログラムは、プログラミングを知らなくても、今では
生成AIを使えば簡単に作ることが可能です。「ChatGPT」などに代表され
る生成AIは、テキストだけでなく画像なども自在に作成できるようになっ
ていますが、プログラムに関しても「こういう処理をするプログラム」と
適切に指示すれば、そのとおりに作ってくれます。

プログラム作成の自動化は、既に実務上でも進んでいます。例えば自動
車開発の現場では、図式化したアルゴリズムから自動的にプログラムを作
り出すツールが使われています。今の自動車はコンピュータ制御で実現す
る機能が増えているため、作らなければならないプログラムも急増し、人

手だけでは開発が追いつかなくなっています。しかも自動車にはさまざまな安全規格があり、プログラムはそれを反映しなければなりません。それならば、ミスが付きものの人間よりも、各種の安全規格を自動的に反映できるツールでプログラムを作った方が確実と考えられているわけです。

　自動化が進んでいるならばプログラム作りなんて今さら学ぶ必要ないのでは、と思う方がいるかもしれません。しかし電卓やパソコンが広く普及しても小学校では四則演算を学ぶのと同じように、「理解したうえで使う」のが賢い使い方です。理解しないまま、与えられたまま使うのでは、人間は「コンピュータに使われる存在」になってしまいます。

　社会の発展のために新しい価値を創り出そうとするなら、今ある方法に固執せず、もっと良い方法を自ら考えて改善する必要があります。プログラムも同様で、自動的に作ることが可能になっても、根本的な原理を知っておかなくては改善はできません。それがプログラミングを学ぶ理由なのです。

3-4

あの作業をプログラムにしてみた
プログラミング（2）

入試問題を Check!

　次の問題文の空欄ア～キに入れるのに最も適当なものを，後の解答群より1つずつ選べ。

　次の図は，一定の時間間隔で一日の気温を観測する温度計のデータをもとに，その日の最高温度と最低温度を算出するプログラムである。温度計は摂氏−30度から50度まで計測でき，一日の全観測値は配列Ondoに格納されている。配列の添字は0から始まる。03行目の「要素数」は，配列の要素の数を返す関数である。

【関数の説明】

要素数（配列）……配列の要素数を返す

例：Data = [10,20,30,20,15]の時

　　要素数(Data)は5を返す

　プログラムでは，最低温度saitei_ondoの初期値には ア を，最高温度saiko_ondoの初期値には イ を設定した（02行目）。そして，saitei_ondo および saiko_ondo を配列Ondoの各要素と比較してこれらの値を更新（05～08行目）している。

一日の観測値から最低温度，最高温度，平均温度を算出するプログラム

```
(01) Ondo = [12.3,12.8,13.0,・・・省略・・・,14.3,13.2,12.5]
(02) saitei_ondo = ア , saiko_ondo = イ
```

```
(03)   yousosu = 要素数 (Ondo)
(04)   i を ［ ウ ］1ずつ増やしながら繰り返す:
(05)   │ もし ［ エ ］ならば:
(06)   │ └ saitei_ondo = ［ オ ］
(07)   │ もし ［ カ ］ならば:
(08)   └ └ saiko_ondo = ［ キ ］
(09)   表示する("最低温度は", saitei_ondo, "度")
(10)   表示する("最高温度は", saiko_ondo, "度")
```

【ア，イの解答群】

① 0　　②30　　③-100　　④100　　⑤-10

【ウの解答群】

① 0 から yousosu まで　　　② 1 から yousosu まで

③ 1 から yousosu − 1まで　　④ 0 から yousosu − 1まで

【エの解答群】

①saitei_ondo > Ondo[i]　　②saitei_ondo < Ondo[i]

③saitei_ondo == Ondo[i]

【オの解答群】

①Ondo[i]　　②saitei_ondo − Ondo[i]

③saitei_ondo + Ondo[i]

【カの解答群】

①saiko_ondo > Ondo[i]　　②saiko_ondo < Ondo[i]

③saiko_ondo == Ondo[i]

【キの解答群】

①Ondo[i]　　②saiko_ondo − Ondo[i]　　③saiko_ondo + Ondo[i]

北海道情報大学「情報Ⅰ」サンプル問題 問題番号5 改

　配列に入っている値の中から最小値や最大値を見つけるプログラムの問題です。最小値や最大値は、プログラムでは配列の値を一つずつ比較しながら見つけます。その最初の比較相手を何にすべきかを問うのが空欄アと

イです。

　アとイは、最初に比較対象にするために設定する"仮"の最小値最大値です。実測値ではないので、実際の最小値や最大値になってはいけません。つまりアとイは最小値や最大値に「なりえない値」を設定する必要があります。この温度計は－30度から50度まで計測するので、どんな温度が計測されても、その最小値は50以下、最大値は、－30以上になります。選択肢の中でなりえない値は、最小値（最低温度）のアは④（100）、最大値（最高温度）のイは③（-100）だけです。

　05行目の空欄エは、06行目の「saitei_ondo = 　オ　」つまりsaitei_ondoを空欄オで入れ替える時の条件です。最低温度が入っている変数saitei_ondoの値をオに入れ替えるのは、オがそれまでのsaitei_ondoより低い場合です。したがってエは①（saitei_ondo > Ondo[i]）で、オは新しいsaitei_ondoとなる①（Ondo[i]）です。最高温度を見つける空欄カとキも同様で、カは②（saiko_ondo < Ondo[i]）、キは①（Ondo[i]）になります。

　残った04行目の空欄ウは、05〜08行目を繰り返す中で配列Ondoの添字であるiをどう変化させていくかを問うものです。配列の最初の値から順番に、saitei_ondoやsaiko_ondoと比較していくことになります。「配列の添字は0から始まる」とあり、そこから配列の最後の値まで1ずつ増やしていくわけですが、配列の要素が10個あった場合、配列の添字は0から始まっているので最後は10ではなく9です。つまり要素の数から1を引いた数が最後の添字になります。よってウは④（0からyousosu － 1まで）が正解です。

正答は④、③、④、①、①、②、①

最小値や最大値を見つける

◆コンピュータは3つ以上を一度に比較できない

　この節では、3-2節や3-3節で紹介した手法を使って、身近な作業をプログラムにしてみることに挑戦します。まずは先ほどの入試問題のような「最

小値や最大値を見つける」作業です。

　例えば a = [35，28，61，7，18] のような配列から最小値や最大値を見つける場合、人間ならばざっと眺めて「最小値は7、最大値は61」と見つけられるでしょう。しかしコンピュータでは、先ほどの入試問題のように複雑なやり方をしなくてはなりません。コンピュータは値を2つずつしか比較できないためです。

　コンピュータは計算機です。計算する機械なので、指示は計算式で書かなくてはなりません。例えばA、B、Cの3つの値があり、これを一本の計算式で最小値や最大値を判断できるようにすることはできるでしょうか。3つの大小関係がA＜B＜Cなら明確ですが、A＜B＞Cならば最小値がAかC か分かりません。4つ以上ならなおさらです。不等号の両辺の2つずつでしか比較できないので、計算式も2つ以上必要です。そのため先ほどの入試問題では繰り返しを使って何度も比較していたわけです。

◆「勝ち抜き戦」のアルゴリズム

　では2つずつの比較でどうやって最小値や最大値を見つけるのでしょうか。そのアルゴリズムは、一言で言えば図3.12のような「勝ち抜き戦」で

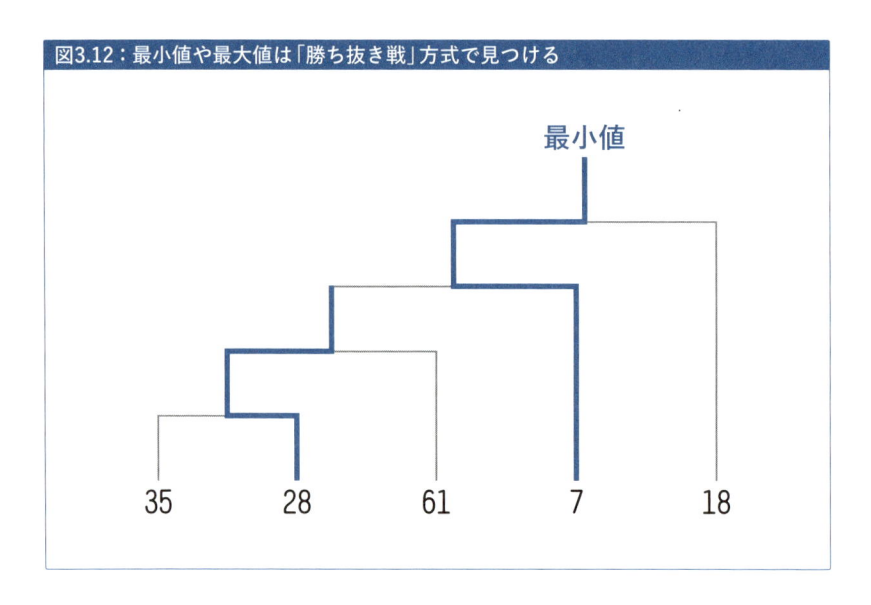

図3.12：最小値や最大値は「勝ち抜き戦」方式で見つける

す。

　a = [35，28，61，7，18]という配列から最小値を勝ち抜き戦で見つける場合、一つの方法は最初の2つを比較するものです。35と28を比較して小さい28が“暫定”の最小値として勝ち上がり、次の“挑戦者”である61と対戦（比較）。28が小さいので最小値の座を守りますが、次の7には敗れるので7が新たな最小値となって、最終的にそのまま勝ち進んで“優勝”する仕組みです。最大値の場合も同じです。

　これをプログラムとして書くなら、リスト3.3のようになります。2行目で配列aの最初の2つを比較。先頭のa[0]が小さければ、3行目でその値を変数（ここではwinner）に入れ、そうでない（a[1]がa[0]以下）なら5行目でa[1]をwinnerに入れます。その後はa[2]からa[4]も反復を使って比較とwinnerの更新を繰り返し、最後まで残ったwinnerを最小値として表示しています。

リスト3.3：配列の値を2つずつ比較し、最小値を表示するプログラムの例

```
01  a = [35,28,61,7,18]
02  もし a[0] < a[1] ならば：
03      winner = a[0]
04  そうでなければ：
05      winner = a[1]
06  i を 2 から 4 まで 1 ずつ増やしながら繰り返す：
07      もし a[i] < winner ならば：
08          winner = a[i]
09  表示する (winner)
```

　他には、冒頭の入試問題のように最初に仮の最小値を用意し、配列の先頭の値から順番にそれと比較していくやり方や、配列の先頭の値を自動的に暫定の最小値とし、配列の2番目から順番に比較というやり方もあります。いずれの方法も、2つずつ比較して入れ替えていくというやり方には変わりありません。

配列の値を合計する

　次は配列の値を合計するプログラムを考えてみましょう。合計は、a[0] + a[1] + a[2] + a[3] + a[4]のように全部計算式を書けば可能ですが、配列の値の個数が増えると計算式が長くなって大変です。プログラムでは「2つずつ」計算するという基本を生かし、図3.13のように2つずつ足し上げていくという手順にします。

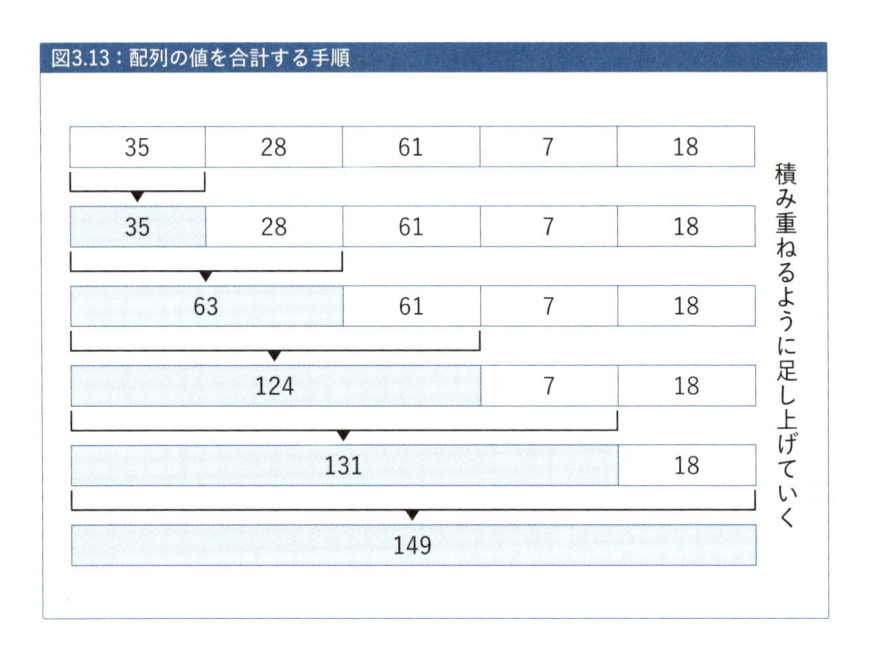

図3.13：配列の値を合計する手順

| 35 | 28 | 61 | 7 | 18 |

| 35 | 28 | 61 | 7 | 18 |

| 63 | 61 | 7 | 18 |

| 124 | 7 | 18 |

| 131 | 18 |

| 149 |

積み重ねるように足し上げていく

　最初は、「何もない状態」つまり0に配列の先頭の値を足します。図3.13の場合35になります。次にその35と配列の2番目の値である28を足し、63を得ます。次はその63と配列の3番目の61を足して124……という具合に、順番に積み重ねるように足し上げていき、全部足し終えた時の149が答えになります。

　この手順をよく見ると、足す作業はすべて「足す前の数字＋配列の次の値」の2つずつであることが分かります。プログラムは具体的な手順を、変数などを使って抽象化したものです。この手順で変わるのは配列の次の値を示す添字の要素番号だけです。a[0]からa[4]まで足すので、要素番号

を0から4まで1ずつ増やしながら、足し上げることを繰り返しているわけです。つまり「反復」を使うことでこの手順はプログラムにすることが可能です。

実際にプログラムにしたものがリスト3.4です。gokeiという変数に配列aの値を順番に足し上げていく形にしています。gokeiは初めは全く何もない状態なので、2行目でgokeiに0を入れています。このような値を「初期値」と言います。これをあらかじめ設定しておかないと、4行目で配列aの値と初めて足すとき、gokeiが何か分からないので足し算ができません。設定していないから自動的に0ということにはならないのが変数です。

リスト3.4：配列の値を合計するプログラムの例

```
01   a = [35,28,61,7,18]
02   gokei = 0
03   iを0から4まで1ずつ増やしながら繰り返す：
04       gokei = gokei + a[i]
05   表示する（gokei）
```

ある値が配列のどこにあるかを調べる

◆配列のどこかにある場合のフローチャート

次に、配列の中を探索するプログラムを作ってみましょう。ある値を用意し、それが配列の中のどこにあるかを調べるプログラムです。これは3-2節のようなフローチャートを作るところから考えてみたいと思います。

探索のプログラムも、やはり「2つずつ」で進めていきます。2つのうち1つは探したい「ある値」になるので、比較する相手は一度に1つに限られます。合計のプログラム同様に、1つずつ比較していく必要があるのです。

次ページの図3.14のフローチャートでは、調べたい「ある値」を変数tansakuに入れて、それを配列の最初の値から比較していくことにしました。配列最初のa[0]（35）と同じであればそこで繰り返しが終わりますが、

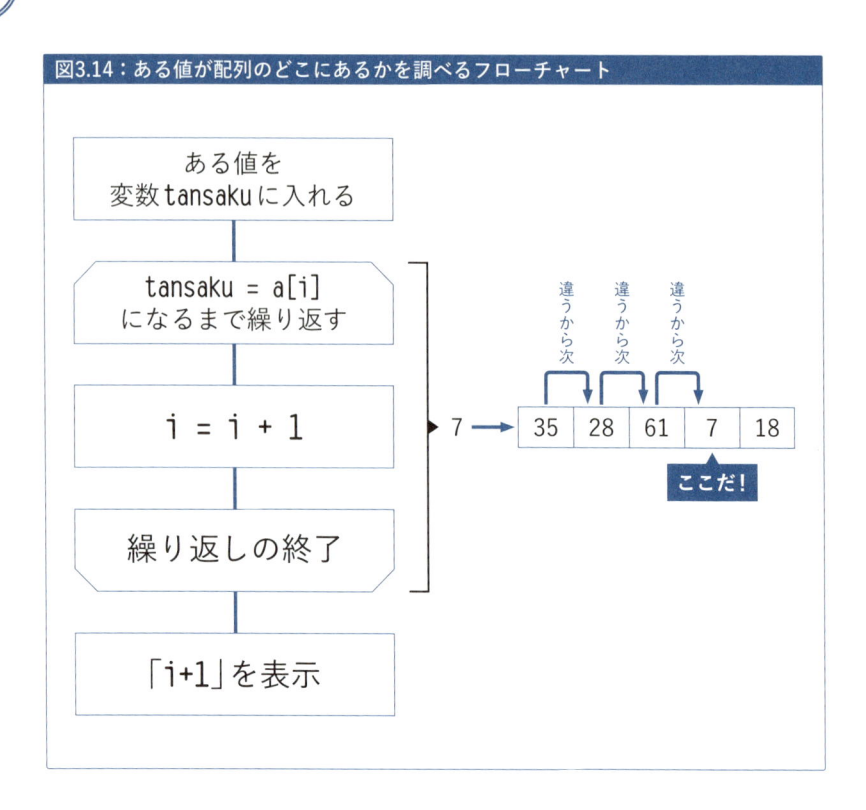

図3.14：ある値が配列のどこにあるかを調べるフローチャート

- ある値を 変数tansakuに入れる
- tansaku = a[i] になるまで繰り返す
- i = i + 1
- 繰り返しの終了
- 「i+1」を表示

違うから次　違うから次　違うから次

7 →

| 35 | 28 | 61 | 7 | 18 |

ここだ！

同じでなければa[1]、a[2]のように添字の要素番号を増やしていき、同じ値が見つかればそこで繰り返し終了。その時のiが同じ値のある場所を示すというわけです。最後の結果の表示が「i」ではなく「i+1」なのは、要素番号は0から始まるので、「何番目か」を示すなら1を足す必要があるからです。

◆フローチャートをプログラム化する

ここまで来れば、作るべきプログラムは想像しやすいのではないかと思います。このフローチャートから作ったプログラムがリスト3.5の通りです。ここでは調べたい「ある値」を「7」に設定しており、7は配列の4番目にあるので実行すると「4」と表示されます。

リスト3.5：変数tansakuの値が配列 a の何番目にあるかを示すプログラムの例

```
01   a = [35,28,61,7,18]
02   tansaku = 7
03   i = 0
04   tansaku != a[i] の間繰り返す：
05       i = i + 1
06   表示する (i+1)
```

　図3.14のフローチャートと比較すると、少し違いがあるのに気づきましたでしょうか。例えば3行目の「i = 0」は、フローチャートにありません。これは、配列の値を合計するプログラムの時にも出てきた「初期値」の設定です。この行で最初に0を設定しておかないと、4行目の繰り返しのところで、最初に比較する配列aの添字が分かりません。初期値の設定は、特に反復を伴う処理では重要です。

　もう一つ、繰り返しの条件の部分で、フローチャートでは「tansaku = a[i]」だったのに対し、このプログラムの4行目では「tansaku != a[i]」です。3-3節でも出てきましたが「!=」は左辺と右辺が等しくないことを示します。フローチャートと意味が正反対のように思えますが、よく考えるとフローチャートの「tansaku = a[i] になるまで繰り返す」は、「tansaku = a[i] になったら繰り返さない」の意ですから、裏返すと「tansaku != a[i] の間繰り返す」ですよね。

　ちなみにこのプログラムの「!=」を間違って「==」にすると、どういう表示が出るか考えてみてください。tansakuは7なのに対し、最初の比較相手のa[0]は35であり、等しくないので「tansaku = a[i] の間繰り返す」ことにはなりません。つまり一度もi=i+1は行われず、i は0のまま繰り返しの範囲を通過し、表示するのはそれに1を足した「1」になります。

◆ある値が配列に複数ある場合

　ただしこのプログラムが有効なのは、調べたい「ある値（変数tansakuの値）」が配列の中に1つだけあるという場合です。配列の中に複数ある場

合はどうなるでしょうか。例えばtansakuが7で、配列aが[35，7，61，7，18]のように目的の数字を2つ含む場合、tansakuとa[1]が等しいのでここで繰り返しが終わってしまいます。a[3]の7の存在は無視されてしまうのです。

　こういうことを防ぎ、見つかっても繰り返しを終わらせないためには、最後まで探させる指示が必要です。ということは「最後」を明示しなくてはなりません。配列aの最後の要素番号4まで探せと指示すればいいわけです。これには3-3節の「ある回数だけ繰り返す」という反復が使えます。繰り返すのはtansakuと配列aの値の比較であり、等しければ何番目かを表示するようにします。

　これをフローチャートで表したものが図3.15、プログラムにしたものがリスト3.6です。繰り返しの作業にtansakuと配列aの値の比較を置き、それが要素番号0から4まで必ず行われるようにしました。条件に応じて次の処理を変える「選択」を使い、繰り返す中で等しい値が見つかれば、その要素番号＋1を表示するようにしています。リスト3.6のプログラムの場合、tansakuの7に等しい値が配列aの2番目と4番目にあるので、この

図3.15：変数tansakuの値が配列aに複数ある場合、何番目にあるかを示すフローチャート

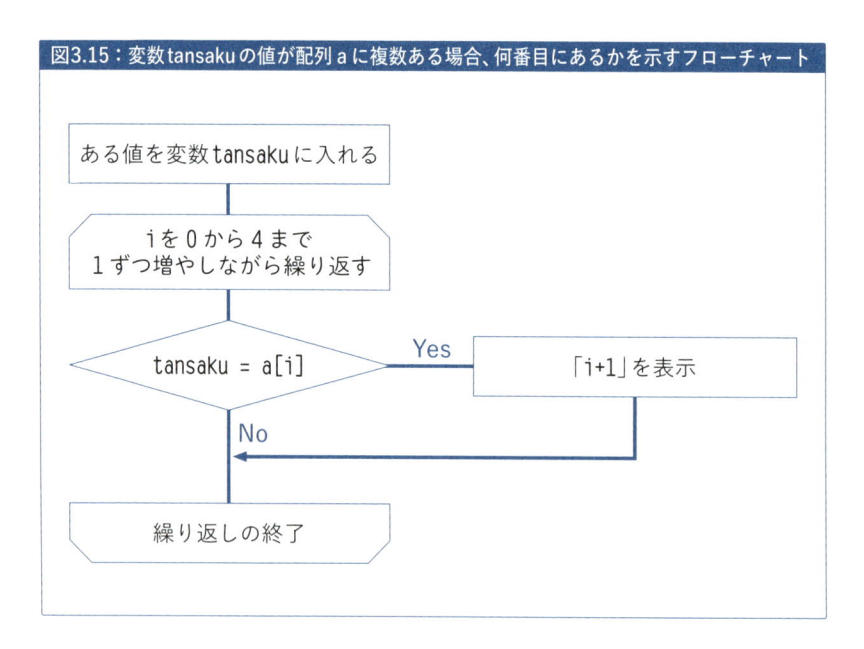

プログラムを動かすと「2」「4」と答えを返してくれます。

リスト3.6：変数tansakuの値が配列 a に複数ある場合、何番目にあるかを示すプログラムの例

```
01   a = [35,7,61,7,18]
02   tansaku = 7
03   i を 0 から 4 まで 1 ずつ増やしながら繰り返す：
04       もし tansaku == a[i] ならば：
05           表示する (i+1)
```

「鶴亀算」を解くプログラムを作る

◆ 鶴亀算を解くアルゴリズム

　この節の最後の課題として、「鶴亀算」を解くプログラムを作ってみましょう。鶴亀算は多くの方がご存じかと思いますが、以下のような問題です。

　鶴と亀が合わせて50匹います。
　足は合わせて154本です。
　鶴と亀はそれぞれ何匹いるでしょう？

　中学生以上ならば連立方程式を組んで解くと思いますが、鶴亀算は小学校の算数でも登場します。連立方程式を知らない小学生がこれを解く時の考え方の一つが、「全部鶴（または亀）と仮定する」だそうです。全部鶴なら足の合計本数は足りないはずなので、一匹ずつ鶴から亀に変えていき、そのたびに足の合計本数を計算し、問題文にある足の合計本数になるポイントを見つけるというアプローチです（次ページの図3.16）。

　このように手順を書くと、なんとなくプログラムでできそうな気がしてきませんか。1ずつ変えながら指定した条件になるまで計算を繰り返すというのは、まさにプログラムっぽい手順です。

　では実際に考えてみましょう。鶴の数を tsuru、亀の数を kame という変数にします。最初は50匹全部鶴と仮定するならば、tsuru は50で kame は0

です。ここからkameを1匹ずつ増やしていきます。つまり「kameを0から1ずつ増やしていく」ことになります。kameは50匹よりは多くはならないので、反復の条件は「kameを0から50まで1ずつ増やしながら繰り返す」と書けます。

　繰り返すのはどんな作業でしょうか。それはkameを増やしたことに伴うtsuruの数の再計算と、足の合計本数の計算ですね。kameが増えると、tsuruはその分減ります。また鶴と亀を合わせた足の本数は「tsuru*2 + kame*4」と書くことができます。これが154と等しくなった時のtsuruとkameが、求める鶴と亀の数になります。154になった時にtsuruとkameを表示するというのには、条件によって次の処理を変える「選択」が使えます。

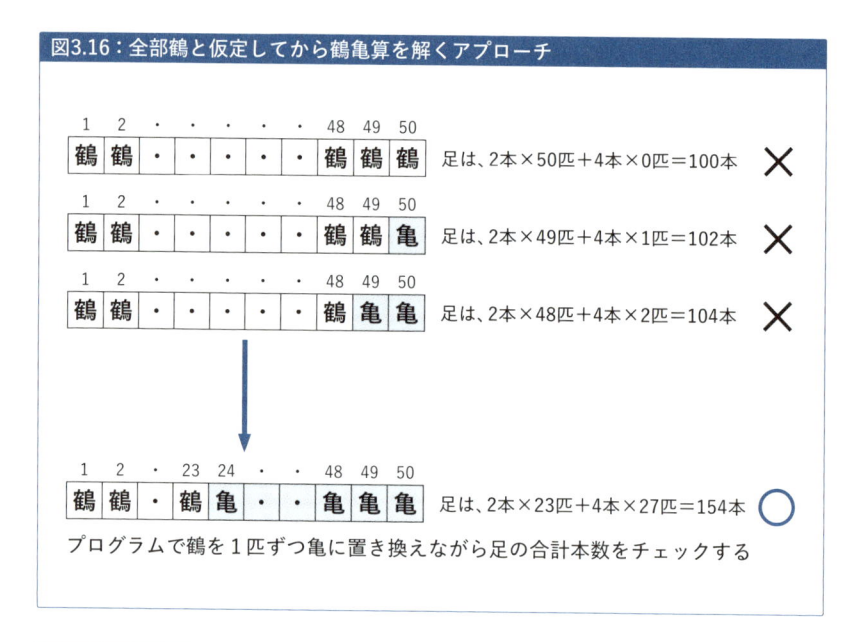

図3.16：全部鶴と仮定してから鶴亀算を解くアプローチ

プログラムで鶴を1匹ずつ亀に置き換えながら足の合計本数をチェックする

◆ **アルゴリズムをプログラム化する**

　この手順を実際にプログラムに書いたものがリスト3.7です。反復する処理に、鶴の数を計算し直す「tsuru = 50 - kame」と、足の本数を計算して154と照合する式を入れました。154に一致したときに、tsuruとkameを表示する式にしています。最後の行にある「""」で囲った文字は、変数や式に関係なく固定的に表示される文字です。このようにすることで、「鶴 23

亀27」と分かりやすい表示にできます。

リスト3.7：鶴亀算を解くプログラムの例

```
01   kame を 0 から50まで 1 ずつ増やしながら繰り返す：
02       tsuru = 50 - kame
03       もし tsuru*2 + kame*4 == 154ならば：
04           表示する ("鶴",tsuru，"亀",kame)
```

　23と27という数字が見つかった後も、プログラムはkameが50になるまで計算を繰り返しますが、もはや154と一致することはないので、結果は一つしか表示されません。

　この方法以外にも、例えば「〜の間繰り返す」を使い、「足の合計本数が154に等しくない間、kameを 1 増やして tsuruを 1 減らす」のように書いても、目的の計算は可能です。同じ目的でも答えは一つとは限らず、「他に方法はないか」と考え続けることができるのがプログラミングの特徴です。常により良いものを追い求める姿勢が養われるのも、プログラミングを学ぶ効果と言えます。

◆実社会のプログラムも小さなプログラムの積み重ね

　ここまで見てきたプログラムはわずかな作業しか行わないものです。しかし実社会で使われているプログラムは、どれもこうした小さなプログラムの積み重ねでできています。

　小さな作業に分解して整理するアルゴリズムの知識と、それをプログラムにする知識があれば、世の中で動いている機器やシステムが今までとは違って見えてくるはずです。

自分だけの小世界を作って遊んでみよう

シミュレーション

┃入試問題を **Check!**

　次の文章を読み，空欄の　ア　〜　カ　に当てはまるものを以下の解答群より1つずつ選び，記号で答えなさい。

　現実に発生する様々な現象の関係性を抽象化し，図や数式などを用いて見通し良く表現したものをモデルとよび，モデルを用いて計算機上で行う現象の人工的な再現実験を　ア　とよぶ。　ア　の方法には様々なものがあるが，その中の一つに確率的な方法として知られる　イ　がある。　イ　の具体的な例として，どの値も等しい確率で発生する　ウ　乱数を計算機上で発生させ，この乱数をモデルに代入して分析対象の推定値を計算するという手続きを繰り返す方法がある。

　計算機上で1，2，3のいずれかの値を発生する　ウ　乱数を10個発生した場合と，10,000個発生させた場合を考えてみよう。2つの場合について1，2，3の発生頻度に関するヒストグラムをそれぞれ描いたとき，頻度のばらつきがより小さくなるのは，乱数を　エ　個発生した場合である。また，乱数を　エ　個発生させた場合に1，2，3の各値が発生する頻度から計算した確率と，もう一つの場合において同様に計算された確率どうしを比較すると，前者の確率が後者の確率に比べて　オ　値をとることが考えられる。このことから，乱数を発生する回数を多くした場合，分析対象の推定精度は　カ　ことが予想される。

【解答群】

①エミュレーション　　②シミュレーション

③モンテカルロシミュレーション　　④正規　　⑤一様

⑥10　　⑦10,000　　⑧1/3により近い　　⑨1/3からより離れた

⑩悪化する　　⑪向上する　　⑫発生回数とは無関係となる

北海道情報大学「情報Ⅰ」サンプル問題　問題番号1　問5

　コンピュータによる **「シミュレーション」** に関する問題です。空欄アは②（シミュレーション）です。空欄イの確率的な方法として知られているシミュレーション方法は、解答群③のモンテカルロシミュレーションです。

　どのような事象が起きるかを確率に基づいてシミュレーションするとき、よく使われるのが一定範囲の数をランダムに出す「乱数」です。その乱数の中でも、それぞれの事象の発生確率が等しいならば、空欄ウのような「どの値も等しい確率で発生する」乱数を使うのが適切です。そのような乱数は「一様乱数」と呼ばれます（空欄ウは⑤）。

　サイコロは理論上1から6の目を均等に出しますが、均等になるのはサイコロを十分な回数振った場合であり、少ない回数では偏ることもあります。乱数も同様で、発生させる回数が少ないほど偏る可能性があります。つまり頻度が偏らないのは回数が多い方なので、空欄エは⑦（10,000）です。

　1、2、3のいずれかの値を乱数で発生させる場合、頻度が偏らなくなるとそれぞれの発生確率は1/3に近くなります。10,000回（問題文の「前者」＝空欄エの場合）と10回（問題文の「後者」＝もう一つの場合）で比較するなら、10,000回の方が1/3に近づくので、空欄オは⑧（1/3により近い）です。回数が多ければ多いほど推定値である1/3に近づくので、分析対象の推定精度は「向上する」わけです（空欄カは⑪）。

正答は②、③、⑤、⑦、⑧、⑪

シミュレーションによる問題解決

◆シミュレーションはコンピュータと相性がいい

　シミュレーションを一言で説明するなら、この入試問題に書かれている「人工的な再現実験」という表現がぴったりでしょう。実際にやってみなければ結果が分からない事象を、机上で模擬的に行うことで結果を予測するのがシミュレーションです。その予測結果をもとに、何が結果を左右しているのか、理想的な結果に近づけるにはどうすればよいかを検討できるようにします。

　本書に限らず高校の情報Ⅰの教科書の多くは、最初のテーマに「問題解決」を掲げています。高校の情報科の大きな目的は、問題解決のためにデータを駆使する手法を身につけることにあります。シミュレーションはデータを駆使した問題解決手法の一つであるため、シミュレーションを行うための環境作りや再現の仕方、再現結果の考察などを学ぶ内容が情報Ⅰに盛り込まれているのです。

　シミュレーションは特にコンピュータとの相性がいい手法です。シミュレーションを通して説得力のある結果を得るためには、十分な回数の再現実験が必要です。冒頭の入試問題にもあるように、少ない回数のシミュレーションでは答えが偏る可能性が高く、信頼度に欠けるものになってしまいます。シミュレーションの回数は多ければ多いほどいいのですが、それを人が手作業で繰り返していては大変です。コンピュータならばプログラミングなどにより自動的にシミュレーションを繰り返すことができるので、信頼度の高い結果を簡単に得ることが可能です。

◆車の自動運転技術はシミュレーションのたまもの

　シミュレーションが特に効果を発揮している最近の例として、車の**自動運転技術**の開発があります。車の自動運転技術は、運転技能の衰えた高齢者の増加や公共交通機関の路線削減、さらに物流の担い手不足などを解決する手段として期待されていることはご存じかと思います。

　車は何より安全性が求められます。車が自動で街を走るようになっても、

ドライバーや歩行者が事故に遭わないようにするためには、開発した技術のテストが欠かせません。しかし開発中の車を実際に走らせてテストするには、膨大な時間やコストがかかってしまいます。天候や季節、他の車や歩行者の位置や速度、白線の消え方など走行中の車を取り巻く環境は多種多様で、テストではそのすべての組み合わせに対して十分な安全検証を行わなければならないからです。組み合わせが膨大なため、走行テストに必要な走行距離は数億キロメートルとも言われており、到底テストしきれるものではありません。車やテストドライバーをいくら手配しても足りないでしょう。

　実際の車ではなくシミュレーションならば、そうした制約はなくなります。コンピュータ上で24時間365日、多数の車を同時に走らせることができるため、シミュレーションは短期間で終わります。積雪や雷雨のように稀にしかない気象条件下でのテストも、その天候を待たずに年中可能です。実際の車を走らせるテストが皆無になるわけではありませんが、大幅に減らすことができたことで、車の自動運転は急速に現実的なものになっているのです。

最初のステップ「モデル化」

◆ 部屋の図面も一種のモデル

　シミュレーションを行うために欠かせない作業が「モデル化」です。「人工的な再現実験」を行うためには、人工的な再現環境が必要です。現実の世界を模した環境を作ることがモデル化です。

　身近な例としては、次ページの図3.17のような部屋の中での家具の配置図があります。引っ越し先の部屋に家具をどう配置するかを検討する際、統一的な縮尺の元で部屋や家具の大きさを図面で表現し、どこにどう置けばよいか検討した経験がある方は多いのではないでしょうか。これもれっきとしたシミュレーションであり、その時に図面にしたものが「モデル」です。実際に家具を運び入れた後に「やっぱりこっちの方がいいかな」と動かすのは大変ですが、図面というモデルの上なら、事前に家具の最適な

配置を納得いくまで検討することが可能です。

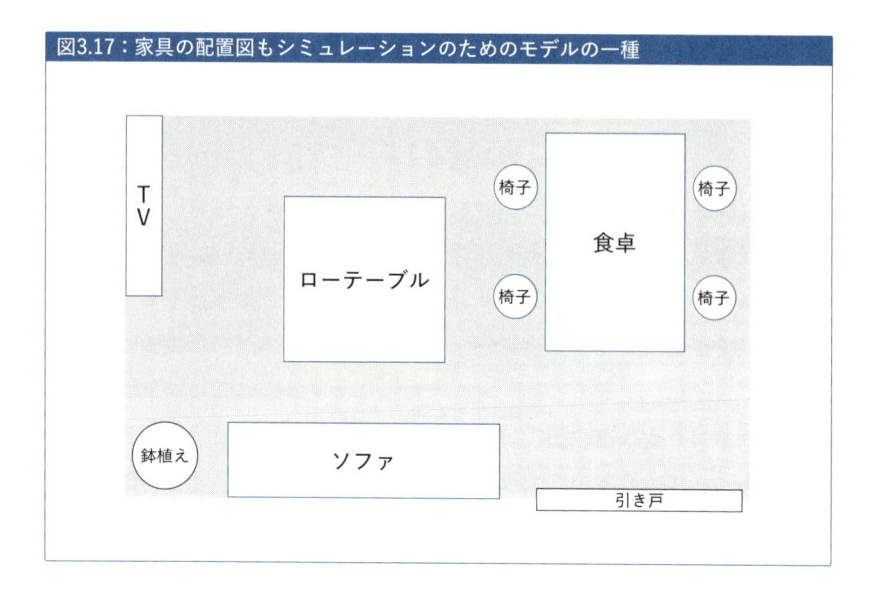

図3.17：家具の配置図もシミュレーションのためのモデルの一種

このようなモデルは、現在は3次元空間の活用など高度化が進んでいます。例えば工場を設計する際は、機械の設置場所だけでなく、作業台の高さや部品の棚の配置などを最適化するために、3次元のモデルが使われています。モデルの中に作業台だけでなく3次元化した人間のモデルも置き、平均的な身長の作業者が自然な姿勢で作業できるか、作業者が手を伸ばせば部品や工具を間違いなくすぐに取り出せるか、などをシミュレーションするというものです。

3次元になると、もはや部屋の図面のように紙に手書きでというわけにはいきません。コンピュータの活用がシミュレーションの適用範囲を広げ、最適化の可能性を広げているのです。

◆目的によってモデルも変わる

部屋や工場の図面のようなモデルは、実際にある物の形を再現していることから「物理モデル」と呼ばれます。鉄道模型や地球儀なども物理モデルと言えるでしょう。モデルにはこの他にも、手順や構造を図式化する「図的モデル」や、事象を数式化する「数的モデル」があります（図3.18）。

図的モデルの一つの例に、企業の組織図があります。組織図は各部署の関係を階層構造で表すので、社内の指揮命令系統や部署ごとの責任範囲などを明示するのに適しています。3-2節で説明したフローチャートも、アルゴリズムによる処理の流れを図式化した図的モデルです。

　数的モデルは、例えば「距離」と「時間」と「速度」の関係のように、一定の数式に事象を落とし込んだものです。「時間」と「速度」が分かればその間に進める「距離」が分かるように、数式によってシミュレーション結果をはじき出すことが可能です。「10万円を年利3％で運用すると10年でいくらになるか？」のような計算も、数的モデルによるシミュレーションと言えるでしょう。

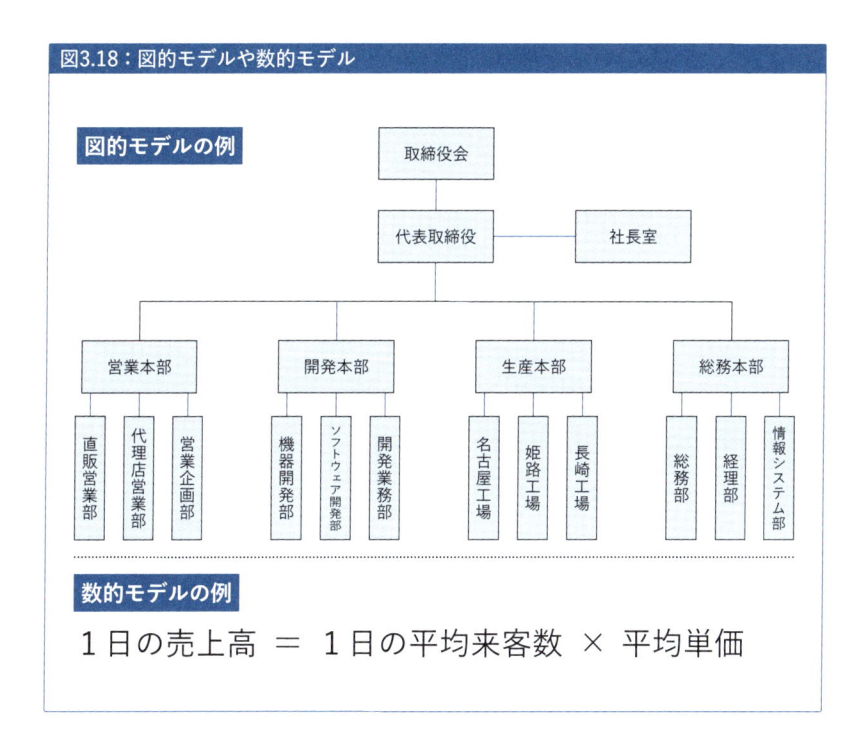

図3.18：図的モデルや数的モデル

数的モデルの例

$$1日の売上高 ＝ 1日の平均来客数 × 平均単価$$

　このほかモデルの分類には、モデルの変化に着目した「動的モデル」と「静的モデル」、結果の確度で分けられる「確定的モデル」と「確率的モデル」などがあります。

　動的モデルは時間の経過が結果に影響を及ぼすモデルで、天気のシミュ

レーションなどはこれに相当します。対して時間の変化が関係しないモデルが静的モデルです。

　確定的モデルは、結果が自動的に一つに定まるモデルです。一方、確率的モデルは「この確率でこのような状態になる」というような結果を導き出すモデルです。冒頭の入試問題のように乱数を使って1、2、3それぞれの発生確率をはじき出す作業は、まさにこの確率的モデルのシミュレーションと言えます。

◆モデル化の際は「単純化」を意識する

　いずれのモデルも、モデル化のポイントは「単純化」にあります。モデル化はミニチュアを作るのとは違います。現実世界の現象を仮想的な空間に再現するものですから、現象に関係しない部分は大幅に省略して構いません。むしろ省略しないと、モデルで表したい情報が余計な情報に埋もれてしまいます。

　例えば地球儀は球体の地球上にどんな大陸と国があるかを示す物理モデルなので、都市名や道路などをあまりに細かく書く必要はないでしょう。企業の組織図という図的モデルも、部署間の関係を示すのが目的なので、どの部署が何階にあるかなどの情報は不要ですが、指揮命令系統を示す情報は必須です。モデル化の際に単純化すべきポイントは、目的によって変わってくるわけです。

　コンピュータでシミュレーションする場合、単純化は処理を効率化するうえでも重要です。シミュレーションはただでさえ多くの計算を必要とする処理ですから、関係のない情報はできる限り省かなくてなりません。

　例えば自動運転車のシミュレーションでは、車の速度や路面状況、暗闇での対象物の見え方などは事故に影響する要素なので、正確に再現する必要があります。そこを単純化しすぎると、正しいシミュレーションができなくなってしまいます。一方で車のデザインなどは、事故原因にはほとんど関係がありません。デザインに不必要にこだわると、その分コンピュータが行う計算量が増大し、シミュレーションの進行に影響が出るでしょう。目的に応じて単純化のレベルにメリハリを付けるのが、シミュレーション

のためにモデル化を行う際のポイントです。

シミュレーション①「サッカーのPK戦は先攻有利？」

　コンピュータによるシミュレーションは、特別なソフトが必要で自分には縁がないと思われる方もいるかもしれません。しかしビジネスの現場で使われている表計算ソフト（Excel）でも簡単なシミュレーションは可能です。それを体験していただくために、「サッカーのPK戦は先攻有利ってホント？」というシミュレーションをやってみましょう。

　私はサッカーには詳しくないのですが、PK戦は先攻の方が有利ではないかという説があるそうです。先攻が先にゴールを決めると後攻にプレッシャーがかかるから、というのがその理由です。しかし先攻が外すと先攻チームのゴールキーパーにプレッシャーがかかって逆に成功率は上がるので、有利不利はないように思えるのですが、実際どうなるのかシミュレーションをしてみます。

◆ Excelでシミュレーションをする

　Excelで次ページの図3.19のような表を作ってみましょう。セルC1はPKの成功率、C2は先攻の成否によって後攻が受ける影響の度合いを入れるセルです。先攻が成功すれば後攻はC2の分だけ成功率は下がり、失敗すればC2の分だけ上がるというものです。先攻と後攻でPKそのものの技量に差があってはシミュレーションの意味がないので、先攻後攻とも成功率はセルC1の値で等しいとします。

　セルA5とB5には、先攻と後攻の得点が入ります。A5にあるRAND関数は0以上1未満の乱数を発生させる関数です。これとIF関数を組み合わせ、RAND関数で発生させた乱数がセルC1にあるPKの成功率より小さければ1が入り、そうでなければ0が入る式です。RAND関数で発生する乱数は冒頭の入試問題にある一様乱数なので、C1を境に成功（1）か失敗（0）にランダムに分けられるわけです。

　B5には、A5（先攻の成否）を受けて変動した成功率のもとで、後攻が成

図3.19：PK戦をExcelでシミュレーションする

	A	B	C
1		PKの成功率	0.5
2		後攻が受ける影響	0.1
3			
4	先攻	後攻	
5	1	0	

=IF(RAND()<C1,1,0))

発生させた乱数がC1（PKの成功率）より低ければ1、
そうでなければ0

=IF(A5=1,IF(RAND()<C1-C2,1,0),IF(RAND()<C1+C2,1,0))

A5が1（先攻が成功）の時、発生させた乱数がC1-C2
（C2だけ下がった成功率）より低ければ1、そうでな
ければ0が入る

前者以外（先攻が失敗）の時、発生させた乱数がC1+C2
（C2だけ上がった成功率）より低ければ1、そうでな
ければ0が入る

功するかどうかを計算する式が入ります。A5が1（先攻が成功）なら、後攻の成功率はC2（後攻が受ける影響）分だけ下がり、そうでなければ逆にC2分だけ上がるという前提で、やはり乱数を使って成功（1）か失敗（0）かを分けるようにします。

　これで先攻と後攻が1回ずつPKを蹴った状態が再現できました。しかし1回だけでは有利不利は分かりません。PK戦は通常5回ずつ蹴りますが5回でもシミュレーションには不十分です。そこでセルA5とB5を下に100個（A104とB104まで）コピーしてみましょう。そのうえでA105にA5からA104までの合計、B105にB5からB104までの合計が入るようにしてください。合計の計算にはExcelのSUM関数が使えます。これにより先攻と後攻が100回ずつ蹴った時に何回成功するかをシミュレーションした数字が、セルA105とB105に入った状態になります。

◆条件を変えてみる

　図3.20は結果の一例ですが、皆さんが行ってもおそらく先攻後攻とも50回前後という数字で、ほとんど差はないように見えるのではないかと思い

図3.20：先攻後攻がそれぞれPKを100回ずつ蹴ったときの成功回数が入った状態

	A	B	C
101	0	1	
102	1	0	
103	1	0	
104	0	1	
105	54	53	

=SUM(A5:A104)

=SUM(B5:B104)

ます。しかしよく考えてみてください。このシミュレーションは、PKの成功率を先攻後攻とも0.5（50％）としています。実際のPKは、もっと成功率は高いのではないでしょうか。

　そこでセルC1に入れている0.5という成功率を、0.6や0.7、0.8などに引き上げてみてください。引き上げるほど、先攻の数字が後攻を上回るようになると思います。キーボードの「F9」を押すとExcelは再計算を行い、乱数を発生し直すので新たな結果が出てきます。何度か押して新たな結果を比較してください。後攻が上回ることももちろんありますが、先攻が上回ることの方が多いはずです。

　これがコンピュータによるシミュレーションの効果です。通常の試合のPK戦のように5回ずつ蹴るぐらいでは、数が少なすぎてどちらが有利かなどは判断できません。しかしコンピュータならば100回ずつ蹴る状態も容易に再現できます。意味のある結果を導き出せるシミュレーションを実現できるのが、コンピュータ活用のメリットなのです。

シミュレーション②「円周率は本当に3.14？」

◆円周率を計算するシミュレーション

コンピュータによるシミュレーションのもう一つの例として、円周率をシミュレーションする方法をご紹介します。これも Excel を使ってみましょう。

円周率のシミュレーションの手法の一つは、正方形の中にランダムで配置した点が、扇形の中に入る確率を計算するというものです。乱数を使って多数の点を置き、そこに中心角90度の扇形を重ねた時に、点が扇形の範囲内に入る確率を計算します。その確率から円周率を逆算するというわけです。

図3.21のように x 軸と y 軸それぞれ0から1の正方形を描き、その中に無数の点を配置します。点の x 座標 y 座標にはやはり乱数を使い、三平方の定理を使って左下の原点からの距離を計算します。その距離から、半径1の扇形の範囲内にある確率を計算していきます。

図3.21：円周率のシミュレーション

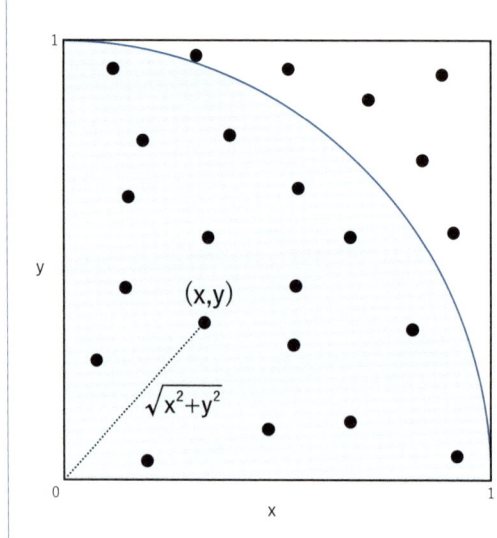

点の座標を乱数で決めて、原点からの距離が扇形の中に収まる確率から円周率を計算する

◆ Excel でシミュレーションをする

　x と y に RAND 関数で 0 以上 1 未満の乱数を置き、原点からの距離を計算したのが次の図3.22です。Excelでは累乗には「^」を使います。平方根は1/2乗なので「^(1/2)」です。このセル A2から C2までを下に101行目までコピーして100件シミュレーションし、セル C2から C101までの中に 1 以下がいくつあるか数えます。図3.22のように COUNTIF 関数を使って「=COUNTIF(C2:C101，"<=1")」と書くと、Excel が自動的に数えてくれます。

図3.22：点の座標を乱数で決めて、原点からの距離を計算する

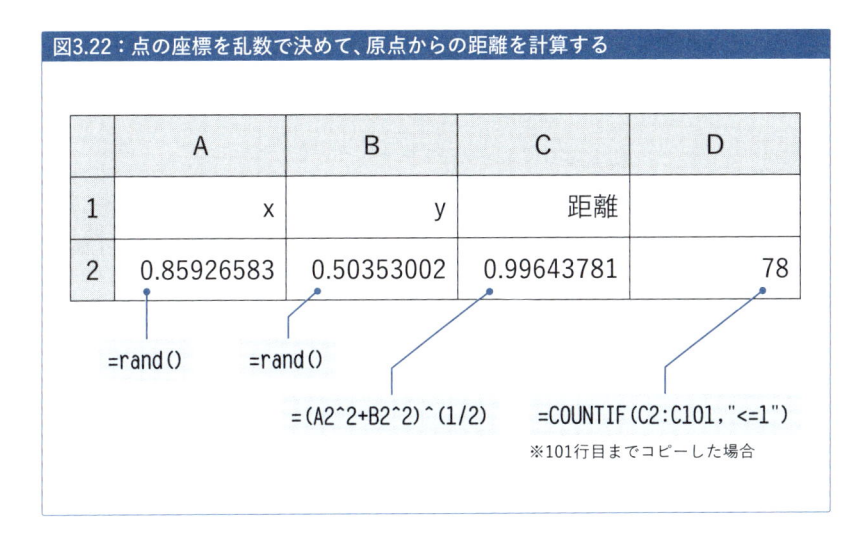

	A	B	C	D
1	x	y	距離	
2	0.85926583	0.50353002	0.99643781	78

=rand()　　=rand()

=(A2^2+B2^2)^(1/2)　　=COUNTIF(C2:C101,"<=1")

※101行目までコピーした場合

　COUNTIF 関数で数えた数が入るセルが図3.22のように D2の場合、D2には扇形の中にある点の数が入ります。100個の点のうち78個ならば確率は0.78です。一方でこの正方形の面積は1×1＝1で、円周率を π とするならこの扇形の面積は

$$1 \times 1 \times \pi \times \frac{1}{4} = \frac{1}{4}\pi$$

なので、正方形の中で扇形が占める割合は

$$\frac{1}{4}\pi \div 1 = \frac{1}{4}\pi$$

です。それが0.78と等しいことになるので、

$$\frac{1}{4}\pi = 0.78$$

となり、π＝3.12という計算結果が得られるわけです。確かに3.14に近い
値になりましたね。「F9」キーで再計算を行っても、やはりこれに近い値
が出続けます。

IoTで現実化した「デジタルツイン」

シミュレーションは、「IoT」によりリアルタイム化も進み始めています。
IoTは、1-4節で紹介したように、機械が直接インターネットにつながって
情報をやり取りする世界です。実際に稼働している機械からIoTでリアル
タイムで稼働情報を収集し、それをコンピュータの上に再現した機械のモ
デルで同じ動作を再現するようなことが可能になっています。現実の機械
とバーチャルの機械がデジタルでつながり、双子のような関係を持つこと
から、「デジタルツイン」と呼ばれています。

デジタルツインでは、いま起きていることを容易に再現できます。機械
がちゃんと動作しているかをコンピュータ上のモデルで確認したり、異常
が起きたときは巻き戻してその時の状態を再生し、異常の原因を分析した
りするようなことが可能です。特殊な要因が組み合わさった時しか起こら
ないような稀な異常でも、デジタルツインでは記録が残っているので再現
して原因を特定できるのです。

機械の稼働状況から故障が起こりそうなタイミングを予測し、交換部品
をあらかじめ手配しておいたり、モデル上でシミュレーションした結果得
られた理想的な設定情報を、現場で動いている機械の設定にすぐに反映さ
せたりすることも可能です。ある建設機械メーカーでは、シミュレーショ
ン環境に取り込んだ建設機械の稼働状況からその顧客の業績を予測し、与
信管理にまで生かしているのだそうです。コンピュータによるシミュレー
ションは、新しいビジネスの種にもなっているのです。

共通テストのプログラミング言語は実質的に「Python」

3-3節や3-4節では、共通テスト用に作られたプログラム表記方法に基づいてプログラミングを紹介しました。一方、高校の情報Ⅰの授業では実際のプログラミング言語が使われています。具体的にどの言語を使うかは各高校に任せられていますが、多くの高校が採用しているのが「Python」です。Pythonはデータ分析やAIとの相性の良さなどが評価され、ITエンジニアに限らず一般の社会人からの関心も高く、学ぶ人が増えているようです。

共通テスト用のプログラム表記方法は、受験生が高校でどの言語を学んでも試験で有利不利が出ないように、中立的な言語として作られましたが、実質的にはPythonにかなり近いものです。次の図のうち、左はP163で紹介したプログラムで、右は同じ処理をPythonで書いたものです。かなり似ていることがお分かりいただけるかと思います。文部科学省が教員研修用に提供している素材もほとんどPythonで、共通テストと併せてPythonを暗に推奨しているように思えます。

```
a = [35,28,61,7,18]
もしa[0] < a[1]ならば：
    winner = a[0]
そうでなければ：
    winner = a[1]
iを2から4まで1ずつ増やしなが
ら繰り返す：
    もしa[i] < winnerならば：
        winner = a[i]
表示する (winner)
```

```
a = [35,28,61,7,18]
if a[0] < a[1]:
    winner = a[0]
else:
    winner = a[1]
for i in range(2,5,1):
    if a[i] < winner:
        winner = a[i]
print(winner)
```

【問題】共通テスト問題の別解を考えてみよう

P148の「図1　目標の金額ちょうどになる最小の硬貨枚数を計算するプログラム」は、「iを4から0まで1ずつ減らしながら繰り返す」という「ある回数だけ繰り返す」反復手法を使って計算しています。実はこのプログラムは、もう一つの反復手法である「指定した条件の間繰り返す」を使っても実現できます。次の図はそのプログラムを空欄付きで示したものです。この空欄①〜③を埋めてください。

```
Kouka = [1,5,10,50,100]
kingaku = 46
maisu = 0, nokori = kingaku
    ┌──────①──────┐
    └──────②──────┘ の間繰り返す：
    maisu = maisu + nokori ÷ Kouka[i]
    nokori = nokori % Kouka[i]
    ┌──────③──────┐
表示する (maisu)
```

「指定した条件の間繰り返す」を使うためには、繰り返しを終える条件を考えなくてはなりません。P149図3.8のように、このプログラムはnokoriに大きな硬貨から順に当てはめていきます。当てはめる処理が終わるのは、46円からスタートしたnokoriがなくなる、つまりnokoriが0になる時です。これを繰り返しを終える条件とすればいいのではないでしょうか。②に入るのは繰り返しを続ける条件ですから「nokori != 0」です。

あと必要な要素は「iを4から0まで1ずつ減らしながら」の部分です。これはiを4から始めて、繰り返しを1回行うごとに1減らすという意味ですから、iの初期値を4にし、繰り返す処理の中にiを1減らす式を入れればOKです。つまり①は「i = 4」、③は「i = i - 1」です。

②は「i != -1」や「nokori > 0」でも正解です。ちなみに「nokori > 0」という正解は、私がこの問題を代ゼミの授業で取り上げた時に生徒の一人から指摘を受けて気づいたものです。同じ目的でもいろんな処理方法が可能なのがプログラムです。

第4章

情報通信ネットワークと
データの活用

だからインターネットは世界中とつながる
ネットワーク

| 入試問題を Check! ....

次の文章を読んで，以下の (a)，(b) の問いに答えよ。ここで，1
バイトは8ビットとする。

インターネットにおける通信では，IP（Internet Protocol）という
プロトコルが用いられる。IPを用いてあるコンピュータから別のコン
ピュータへデータを送る場合には，データを分割して，宛先や送信元
などの制御情報を先頭に付加したパケットを用いる。制御情報は，パ
ケットの先頭に付加されるためヘッダーと呼ばれる。パケットからヘ
ッダーを除いた部分はペイロードと呼ばれ，コンピュータ間で送りた
いデータを分割したものが格納される。

(a) 次の文中の空所 ア ～ エ に入れるのに最も適切なものを，
後の解答群から一つずつ選びなさい。

現在，一般的に利用されているIPには，古い規格である ア と古
い規格を改良した新しい規格である イ という2種類がある。ヘッ
ダーに含まれる送信元のアドレスは，古い規格では ウ バイトで格
納され，新しい規格では エ バイトで格納される。

ア ・ イ の解答群
①IPv64   ②IPv32   ③HTTPS   ④DNS   ⑤ADSL
⑥IPv5   ⑦HTTP   ⑧IPv4   ⑨IPv3   ⑩IPv6

| ウ | ・ | エ | の解答群

①32　②16　③4　④2　⑤6

⑥64　⑦8　⑧3　⑨5　⑩128

(b) IPのパケットに関する下の文 オ ～ キ を読み，正しい場合は○を，間違っている場合は×を答えなさい。

オ　ペイロードのサイズは，パケットのサイズにヘッダーのサイズを足すことで計算できる。

カ　ヘッダーのサイズが一定の場合には，パケットのサイズが小さいほどペイロードのサイズが大きくなる。

キ　ペイロードのサイズとヘッダーに含まれる送信元のアドレスのサイズは比例の関係がある。

2025年度東北学院大学一般選抜（前期A・B日程，後期日程）サンプル問題4

　インターネットの世界での"住所"と位置付けられる「IPアドレス」に関する問題です。コンピュータの世界はすべての情報が2進数なので、コンピュータがインターネットの世界でどこにあるかを示すIPアドレスも2進数です。IPアドレスは、古くから使われていて現在も主流の規格「IPv4」（空欄アは⑧）と、新しい規格の「IPv6」（空欄イは⑩）があります。大きな違いはその桁数（ビット数）で、IPv4は2進数32ビット（＝4バイト、空欄ウは③）なのに対し、IPv6は2進数128ビット（＝16バイト、空欄エは②）です。新しいIPv6ではより多くのアドレスを表現できるようになっているのです。

　(b) からの正誤問題は、パケットの構造を問うものです。IPでやり取りされるパケット（データの塊）は、問題文冒頭にあるように制御情報の「ヘッダー」と、データそのものの「ペイロード」に大別されます（次ページの図4.1）。そのためまず空欄オは間違い（×）です。ヘッダーのサイズが一定でパケットのサイズが小さくなるならば、パケットからヘッダーを引いたペイロードのサイズは小さくなるので、空欄カも間違い（×）です。また、ペイロードのサイズは可変ですが、ヘッダーに含まれる送信元のア

ドレスのサイズは、IPv4なら空欄ウのように4バイト、IPv6なら空欄エのように16バイトで固定なので、比例の関係にはなりません。そのため空欄キも間違い（×）です。

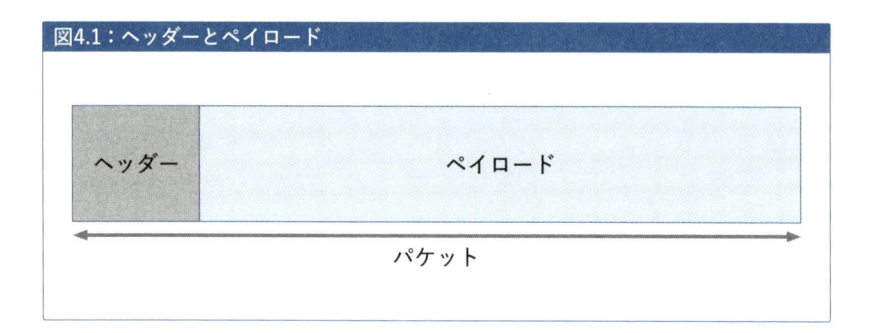

図4.1：ヘッダーとペイロード

ヘッダー　　　　ペイロード

パケット

正答は⑧、⑩、③、②、×、×、×

ネットも理解して使うことが大切

「インターネットを使ったことがない」という方は、少なくとも現役で働いていらっしゃる方の中にはほとんどいないと思います。PCでなくてもスマホで日常的にインターネットには触れているのではないでしょうか。

しかしインターネットのようなネットワークは人間の目に見えないので、相手とどのようにつながっているのかイメージがしにくいものです。さまざまな相手とネットワークを介して良好なコミュニケーションを確立するならば、ネットワークの基本的な仕組みや特性を理解しておくべきでしょう。理解すれば、今でもたまにいる「送ったメールを取り消したい」のような、インターネットの仕組みを無視した無理難題を言う人はいなくなると思います。

またインターネットは生活に密着したものになった分、使えなくなると途端に不自由になってしまいます。携帯電話会社のネットワークが停止すると、それが全国ニュースで報じられ、駅や街頭で困った人たちの様子が映し出されるのは、インターネットというネットワークが電気や水道などと同様に、重要な生活インフラになったことを象徴しています。ネットワ

ークの大規模なトラブルは専門家の対応を待たなくてはなりませんが、家の中のネットワークのトラブルぐらいであれば、ネットワークの基本的な仕組みを知ることで解決可能になります。

小さなネットワークと大きなネットワーク

◆ LAN と WAN

ネットワークを指す言葉の一つ「LAN（Local Area Network）」は、一度は耳にされたことがあるのではないでしょうか。LANは一言で言うなら「小さなネットワーク」です。会社の中、家の中など、基本的には「直接つながっている範囲内」のネットワークを意味します。つなぎ方はケーブル（有線）であったり電波（無線）であったりしますが、相手の場所が認識できる範囲にあるネットワークです。

LANを使うことで社内での情報共有などは可能になりますが、それだけでは社外とはつながりません。社外とつなぐには「大きなネットワーク」である「WAN（Wide Area Network）」が必要です。WANは自分のコンピュータがつながるLANと、相手のコンピュータがつながるLANを結んだネットワークです（図4.2）。

LANは会社や家の「中」で完結するので自分でネットワークを用意でき

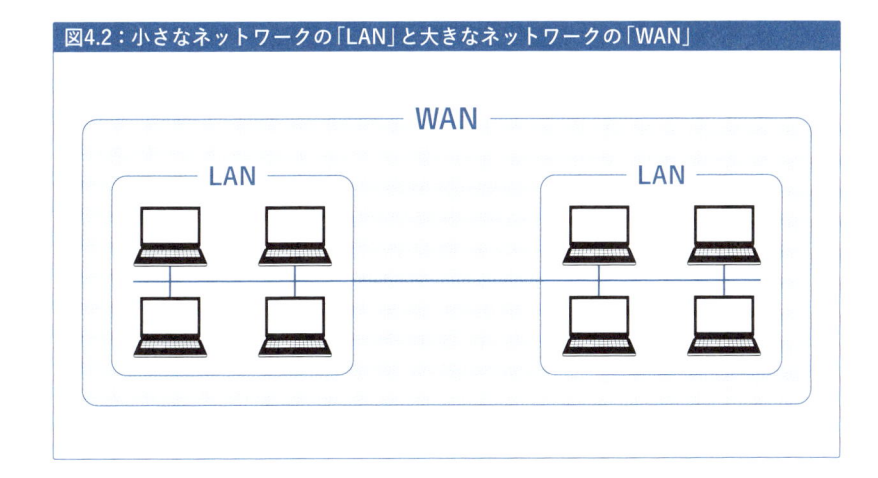

図4.2：小さなネットワークの「LAN」と大きなネットワークの「WAN」

ますが、会社や家の「外」に自分が勝手にネットワークを作るわけにはいきません。そこでWANでは通常、ネットワーク接続業者などが提供するサービスを利用することになります。

◆インターネットは巨大なWAN

インターネットは、このWANが全世界に広がったものです。例えば家にあるコンピュータから米国の企業のコンピュータにつなぐ場合、家のLANから米国企業のLANまでWANを介してつながります。ただ、つなぐ相手が無数にあるので両者のLANを直接つなぐことはせず、通常はいろんなLANを経由して間接的につながっています。

間接的ということは、途中の経路は"他人任せ"ということになります。途中の経路で故障が起きたりしても、自分では気づくことも対処することもできません。それでも安定的につながるのは、インターネットは自動的に別の経路に迂回する機能があるからです。相手までの経路を自律的に決めることができる機能は、インターネットの大きな特徴の一つです。

インターネットの世界にも"住所"がある

◆IPアドレスで場所を示す

インターネットでデータをやり取りする際には、データを送る先を指定

図4.3：IPアドレスの表記

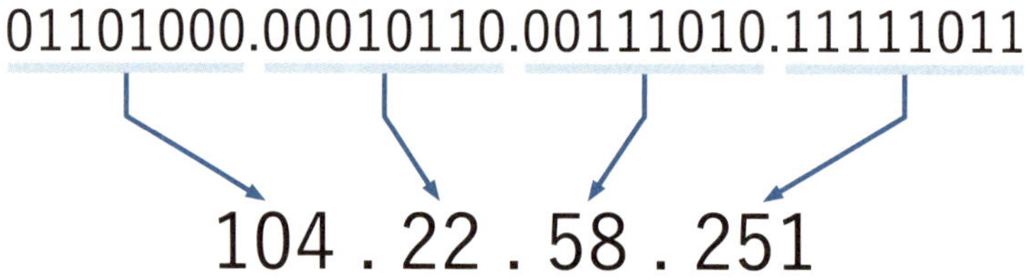

01101000.00010110.00111010.11111011

104 . 22 . 58 . 251

IPアドレスは本来は上のような2進数32ビットだが、通常は下のように8ビットごとに「.」で区切って、それぞれを10進数に置き換えたものが使われる

する必要があります。その際、送り先として使うのが「**IPアドレス**」です。IPアドレスはインターネットの世界で"住所"のような役割を持ちます。

　これまで書いてきたように、コンピュータの世界ではすべての情報が2進数で表されます。住所であるIPアドレスもやはり2進数であり、2進数の32ビット（32桁）で表記します。しかし0と1が32個も並んだ状態は分かりやすいとは到底言えず、覚えるのはもちろん書くのも大変です。そこで通常は8ビットごとに「.」で区切って4つに分割し、それぞれを10進数に置き換えたものが使われます（図4.3）。

◆ドメインからIPアドレスを調べる

　住所はIPアドレスですが、実際にインターネットを使う時のことを考えてみてください。例えばどこかのWebサイトを見る場合、そのサイトを「https://www.example.co.jp/」のように指定するのではないでしょうか。「example.co.jp」は「**ドメイン**」と呼ばれ、これもインターネット上の住所のようなものですが、コンピュータはIPアドレスでなければ具体的な場所が分かりません。そこでドメインからIPアドレスを自動的に調べて、コンピュータに提供する仕組みが用意されています。その仕組みは「**DNS**（Domain Name System）」と呼ばれます。

　DNSはインターネットの世界に出ようとするコンピュータからの問い合わせを受けて、そのドメインのIPアドレスを調べる一種のデータベースです。ただし世界中のドメインとIPアドレスの対応情報を一つのデータベースに集約するのは現実的とは言えません。そこでDNSは、役割を分けて問い合わせを段階的に処理する仕組みが取られています。

　例えば「example.co.jp」というドメインのIPアドレスについて問い合わせを受けた場合、DNSはまずドメインの一番後ろ「jp」について調べ始めます。この部分は主に国や地域を示すドメインで、「トップレベルドメイン」と呼ばれます。DNSが最初に問い合わせするのはこのトップレベルドメインを管理しているサーバのため、「example.co.jp」というドメイン全体についての回答は得られません。その代わり「jpについて知りたいならあそこのサーバに聞いて」というように、次に問い合わせるべきサーバの

場所の回答を得ます。

　教えられたサーバは、「co.jp」や「ne.jp」などjpに属するドメインを管理しているサーバです。DNSはここに対して問い合わせを行い、co.jpに属するドメインを管理しているサーバの場所を教えてもらいます。DNSはそこに再び問い合わせし、最終的にexample.co.jpのドメインに対応するIPアドレスを得るという手順になっています。ドメインの「.」で区切られた部分ごとに、問い合わせ対応の役割を分担しているわけです（図4.4）。

　なおDNSは常にこの一連の手順を取っているわけではありません。DNSは一度調べたドメインとIPアドレスの対応情報は自身の記憶装置（**キャッシュ**）に保存しており、自身が即答しています。ただし保存している情報が古いと使い物にならないので、有効期限が設定されています。その有効期限は24時間のことが多いようです。

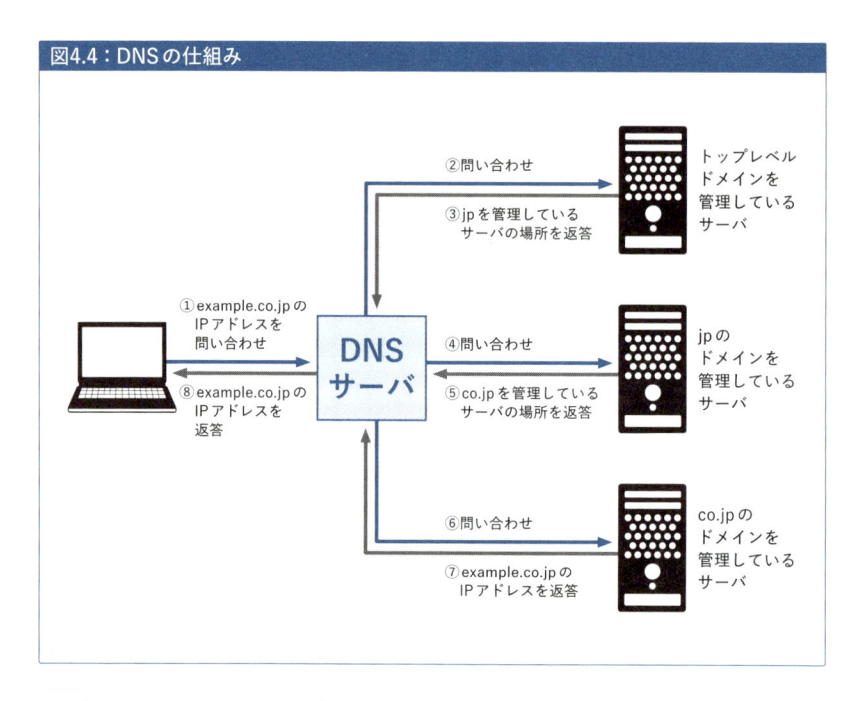

図4.4：DNSの仕組み

◆一覧表を元に転送先を決める

　DNSにより送り先のIPアドレスを得たデータは、送り先に向かって送られていきます。先に書いたようにインターネットは多数のLANをつないだ

ネットワークなので、多数のLANを渡り歩くように進んでいきます。その際、各LANの入口にある機器（**ルーター**）は送られてきたIPアドレスを見て、次に送るべき先を判断します。もし送るべき先が自身のLAN内ならばLAN内に転送し、そうでなければ別のLANに転送します。

　ルーターはどのLANに転送するかの情報を一覧表のような形で持っています。一覧表は定期的に更新され、より効率的な転送経路が見つかればそれに置き換えるだけでなく、転送先の障害を検知したときは自動的に一覧表から消し、新たな経路に置き換えることも行われています。そのため、インターネットは障害時にも自律的に相手までの経路を維持できるわけです。

◆ LAN内専用のIPアドレス

　インターネットにつなぐにはIPアドレスが必要で、それが2進数32ビットということは、全世界でインターネットにつなぐことのできる機器の数は2の32乗が上限ということになります。2の32乗は約43億個に相当しますが、既に世界の人口は80億人を超えています。一人で複数のコンピュータを使うことがもはや珍しくなく、しかも第1章で紹介したIoTのように人間を介さないインターネット接続も増えている中では、約43億個では到底足りません。

　IPアドレスがいずれ足りなくなるという「IPアドレスの枯渇問題」は、インターネット普及期から懸念されており、さまざまな対策が取られてきました。代表的な手法の一つが、「**プライベートIPアドレス**」の活用によるIPアドレスの節約です。

　LAN内にあるコンピュータは、ルーターを介してインターネットにつながります。インターネットに直接つながっているのはルーターであり、LAN内のコンピュータは直接はつながっていません。ルーターにはインターネット接続用のIPアドレスが常に必要ですが、LAN内のコンピュータはLAN内にいる限りはインターネット接続用のIPアドレスは不要です。

　その代わりに割り当てるのが、LAN内専用のIPアドレスであるプライベートIPアドレスです。プライベートIPアドレスはインターネットには直接

はつながらないので、2の32乗個という数にはカウントされません。

　LAN内にあるコンピュータがLANの外に出てインターネットにつなぐ時には、プライベートIPアドレスを、ルーターが持っているIPアドレスに変換します。そのIPアドレスは、プライベートIPアドレスに対して「グローバルIPアドレス」と呼ばれます（図4.5）。変換さえ適切に行われるのであれば、一つのグローバルIPアドレスをLAN内の複数のコンピュータが共用できます。それが、プライベートIPアドレスの活用でIPアドレスを節約できる理由です。

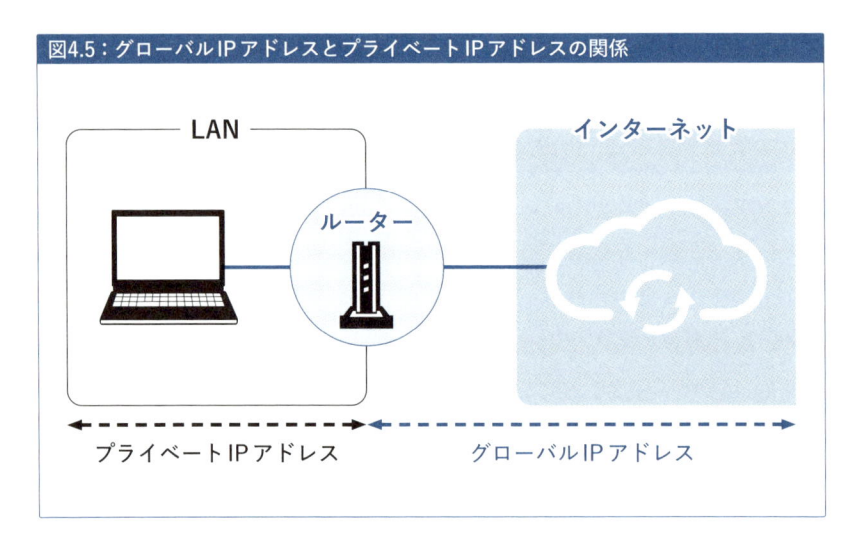

図4.5：グローバルIPアドレスとプライベートIPアドレスの関係

◆128ビットで表す「IPv6」

　しかしこうした手法を行っても、IPアドレスが足りなくなることは避けられない状態です。そこで用意されたのが、新しいバージョンのIPアドレス「IPv6」です。

　実は今まで書いてきた2進数32ビットのIPアドレスは、正式には「IPv4」と呼ばれるバージョンのものです。IPv6はその新しいバージョンで、2進数の128ビットで表されます。IPv4では約43億個だった数は、IPv6では約340澗個という膨大な数に増えます。ちなみに澗という単位は10の36乗です。銀河系の直径を㎜（ミリメートル）で表しても10の24乗にしかならないことを考えると、途方もない数字であることが分かると思います。

IPv4からIPv6への移行は進んでおり、完全移行すればIPアドレスの枯渇問題は解消しますが、実際のインターネットは今でもIPv4が主流です。IPv6に完全移行するためには、世界中のネットワーク機器が全部IPv6対応のものに置き換わる必要があるためです。既にPCやスマホはIPv6に対応済みですが、全世界のネットワーク機器となるとまだ怪しいところがあります。

　現在はIPv6とIPv4の間でアドレスを相互変換する仕組みなどで、IPv6のアドレスも使えるようになっていますが、IPv4が完全に要らなくなる時代まではまだしばらく年月が必要なようです。

通信の約束事「プロトコル」

　前から書いているとおり、コンピュータは0と1しか扱えません。コンピュータ同士が0と1の羅列で意思疎通するためには、あらかじめ羅列のどの部分が何の情報かをルールとして取り決めておく必要があります。そのような約束事を「プロトコル」と呼びます。プロトコルという言葉は本来は外交上の儀礼を意味するものです。ネットワークの世界ではそこから転じて通信の約束事という意味で使われます。

　インターネットの場合、プロトコルは役割ごとに4つの層に分かれます。通信回線のルールである「ネットワークインタフェース層」、異なるネットワーク間を行き来するためのルールである「インターネット層」、通信相手とのデータ転送方式のルールである「トランスポート層」、アプリケーションごとのルールである「アプリケーション層」の4つです（次ページの図4.6）。

　役割を分けることで、新しいプロトコルが開発された場合、その層だけ部分的にバージョンアップするようなことが可能です。ユーザーは新しい技術の恩恵をいち早く得ることができるのが、インターネットがさまざまな分野に急速に進展していった理由でもあります。

　4つの層それぞれに具体的なプロトコルが決められていますが、中でもインターネットを代表するプロトコルは、トランスポート層の「TCP」とインターネット層の「IP」です。この2つはまとめて「TCP/IP」と呼ば

図4.6：プロトコルは役割ごとに4つの層に分けられる

アプリケーション層	Web、メールなど アプリケーション別のルールを定義
トランスポート層	通信相手との データ転送方式などのルールを定義
インターネット層	通信相手までの 経路を決めるルールを定義
ネットワークインタフェース層	有線や無線など 通信方法のルールを定義

れることが多く、インターネットとほぼ同義の意味で用いられます。TCP
は相手と確実な通信を行うためのプロトコルで、確実にデータを受け取っ
てもらうために相手からの受信確認を待ってから次のデータを送ったり、
送ったのに受信確認が来ない場合は自動的に再送したりするようなルール
を取り決めています。

　ちなみにネットワークインタフェース層の代表的なプロトコルの一つが、
無線LANの「Wi-Fi」です。またアプリケーション層のプロトコルには、
Webサイトを見るときの「HTTP」などがあります。

一つの回線を共用できる理由

◆パケット交換と回線交換

　インターネットは、多くの人が回線や設備を共用することで成り立って
います。その世界を可能にしたのが、データを小分けして送る「パケット
交換」という通信方式です。

　元来、ネットワークは「自分と相手を直接的に結ぶ」ものでした。この
方式は「回線交換」と呼ばれ、典型的なものに固定電話があります。回線
交換の場合、結んだ線はお互いが専用で使うことができ、他の人は入って
くることができません。他の人とも同時並行で通信するならば、線を別に

もう 1 本用意する必要があります。回線交換は接続中は専用なので安定しているのですが、回線は接続中でなくても確保しておく必要があるため、コストも常にかかってしまいます。

パケット交換はデータを小さく分割して送ります。分割してそれぞれ宛先を付けた小包（英語でpacket）状にしているため、宛先の異なる小包が同じ回線上で混在しても影響ありません。つまり一つの回線を多くの人が共用できるわけです。これがパケット交換の最大のメリットで、多くの人が同時に通信するインターネットが現実化しました。

◆パケット交換の特徴

分割して送られたデータは受信者側で再度組み上げられて復元されます。受信者までの経路はパケットごとに異なっても構いません。送信中に回線に障害が発生して途中のパケットから別の経路に迂回されても問題なく、TCPで送る場合はパケット喪失時に自動的に再送するので、障害にも強いと言えます。何より回線のコストを多くの人で分担することで回線を安価で利用できるのは大きなメリットです。

もちろんパケット交換にも弱点はあります。同じ回線を共用している他の人の使い方に影響されかねない点です。あまりに多数の人がデータを送ろうとしていると、混雑でなかなかデータを送信できず、場合によっては全く送ることができなくなることさえあります。しかしそれ以上のメリットがパケット交換にあることから、現在はデータ通信だけでなく音声通信にもパケット交換が広がってきています。

回線交換とパケット交換の違いは、大学入学共通テストのサンプル問題でも出題されています。最後にまとめとして掲載しておきますので考えてみてください。

先生：固定電話の回線交換方式と違って，データ通信であるインターネット回線では ア したり イ したりするから，SNSは災害に強いメディアとして認識されるようになったんだよ。

ア ・ イ の解答群

①通信経路上の機器を通信に必要な分だけ使えるように予約してパケットを送出

②大量の回線を用意して大きなデータを一つにまとめたパケットを一度に送出

③データを送るためのパケットが途中で欠落しても再送

④回線を占有しないで送信元や宛先の異なるパケットを混在させて送出

⑤一つの回線を占有して安定して相手との通信を確立

『情報Ⅰ』サンプル問題第1問(改) (※正解は「③」と「④」)

4-2

セキュリティ

┃入試問題を **Check!** ....

　ヒカルさんたちは，学習を進めていく中で，情報セキュリティには機密性，完全性，可用性の三つの要素が重要であることが分かった。そこで，この三つの要素について調べ，さらにそれらに対して自分たちができる身近な対応策を考え，次の表1のようにまとめることにした。表1のあ〜うに当てはまるA〜Cの対応策の組合せとして最も適当なものを，後の①〜⑥のうちから一つ選べ。

表1　機密性，完全性，可用性の定義と対応策

	機密性	完全性	可用性
定義	許可された者だけが情報にアクセスできるようにすること	保有する情報が正確であり，完全である状態を保持すること	必要なときにいつでも情報にアクセスできるようにすること
対応策	あ	い	う

対応策

A 自分のデータをPCとクラウドに保存しておく。

B 重要な情報が記録されているファイルにパスワードを設定する。

C 友人とデータを共有する場合は，いつ誰がデータにアクセスしたのか把握できるように操作履歴を残し，変更された箇所とその変更内容を分かるようにする。

①あ－A　い－B　う－C　　②あ－A　い－C　う－B

③あ－B　い－A　う－C　　④あ－B　い－C　う－A

⑤あ－C　い－A　う－B　　⑥あ－C　い－B　う－A

令和7年度大学入学共通テスト試作問題『旧情報(仮)』第4問より

　セキュリティ対策を考えるうえで考慮すべき3つのポイント「**セキュリティの3要素**」に関する問題です。セキュリティの3要素は「**機密性**」、「**完全性**」、「**可用性**」から成ります。それぞれを英語にした「Confidentiality」「Integrity」「Availability」の頭文字から、セキュリティの「CIA」とも呼ばれます。

　機密性は、秘密を守るために利用者を限定することです。アクセス制限を適切に行い、部外者には見せないようにすることが重要です。選択肢の対応策のうち、これに該当するのは「B」です。パスワードを設定することにより、利用をパスワードを知っている人だけに限定できます。

　完全性は、データを常に正しい状態に保つことです。データが勝手に書き換えられる（改ざんされる）と、そのデータに対する信頼性が失われて活用できなくなってしまいます。部外者による書き換えを防ぐのは当然ですが、適切な利用者でも誤って書き換えてしまうこともあるため、機密性の確保だけでは不十分です。書き換えられたらその履歴を残したり、わずかな書き換えでも検知できるようにする仕組みが、完全性の確保には有効です。選択肢では「C」が適切です。

　可用性は、データを安定的に使えるようにすることです。データが正しくて有用なものであっても、必要な時に使えなくては意味がありません。データやそれを取り出すためのシステムのバックアップを用意するなど、障害対策を進めておくことが可用性を確保するための対策です。選択肢の「A」にあるクラウドへの保存は、その対策に有効な手段です。よって正答は④になります。

正答は④

相手を知り、武器を手にする

インターネットで世界中のあらゆる人や企業とつながることが可能になりました。それは大きな利便性をユーザーにもたらしますが、誰とでもつながるということは、怪しい組織や人とつながってしまうリスクもあることを意味します。インターネットを使うならば、そうしたリスクを適切に回避することにも気を配る必要があります。

1-3節でも書きましたがインターネットの世界では自己防衛が基本です。誰かが守ってくれるわけではありませんが、自己防衛のための「武器」は揃っています。

インターネットを安全に使いたいなら、相手の攻撃パターンを知るとともに、それらに対応できる武器を使いこなすのが必要です。使いこなしたいならばどんな武器があるのか、どんな仕組みでどのようなケースで効果を持つのかを理解しておくべきでしょう。

残念ながら今でも「インターネットは危険だから子供には使わせたくない」という先生は、少なからずいます。しかしここまで見てきたように、今の時代は問題解決にコンピュータは不可欠であり、コンピュータはネットワークがなくては機能を発揮できません。危険だから使わせないのではなく、身を守ることのできる武器を持たせたうえで使わせることが、社会が求める問題解決能力を持った人材育成につながります。

ユーザー認証はパスワードだけでは不十分

◆全通り試されてしまうリスク

ネットの世界で自分の身を守る手段として、すぐに思いつくのは「パスワード」による認証ではないでしょうか。パスワードを設定することにより機密性は保たれます。しかし残念ながらパスワードは万能とは言えません。例えば、設定したパスワードが名前や生年月日、一般的な英単語など推測されやすいものだった場合、第三者が容易に盗めてしまいます。今ではそのようなパスワードが危険という認識は広まっているので、実際に設

定している人は少なくなっているとは思いますが、推測されにくいパスワードにもリスクはあります。

一つは「パスワードを全通り試されてしまう」リスクです。例えばパスワードが数字4桁だった場合、パスワードは0000から9999までの1万通りです。もし1万回ログインを試すことができれば、どこかに必ず"当たり"があり、ログインできてしまいます。1万回試すのは非現実的なように思われますが、プログラムを作って自動化すればそれほど難しくありません。このような侵入行為は「ブルートフォース（総当たり）攻撃」と呼ばれ、大学入学共通テストの試作問題でも出題されています。

> チヒロさんは，情報セキュリティの学習の中で，パスワードを不正に取得する手段としてブルートフォース（総当たり）攻撃という方法があることを知った。あるコンピュータでこの方法を用いると，0から9までの数字のみで作成された4文字のパスワードが，最長1秒で解析されるという。英数字や記号など，全部で40種類の文字を用いて4文字のパスワードを作成したとき，このコンピュータでこの方法を用いると，最長どのくらいの時間で解析されると考えられるか。最も適当なものを，次の①〜⑥のうちから一つ選べ。
>
> ①4秒　　②16秒　　③1分21秒
> ④2分8秒　　⑤4分16秒　　⑥12分9秒

令和7年度大学入学共通テスト試作問題『旧情報(仮)』第4問より

この問題は10種類の数字で作った4文字のパスワードの解析が1秒なら、40種類の文字で作った4文字のパスワードの解析に要する時間はその何倍かを計算させるものです。前者は10^4、後者は40^4なので、

$40^4 \div 10^4 = 4^4 \times 10^4 \div 10^4 = 4^4 = 256$倍

つまり256秒（4分16秒）の「⑤」が正解です。総当たりは比較的容易なことがお分かりいただけるかと思います。

ブルートフォース攻撃から身を守るには、できるだけパスワードのパタ

ーンを増やすのが有効です。増やせば増やすほど試す回数が増えて、解析に時間が掛かって困難になるからです。文字の種類を数字やアルファベットだけでなく記号も含めたり、パスワードの文字数をできるだけ長くしたりすれば、パターンは大幅に増えます。

またパスワードを一定回数間違えるとロックし、それ以上パスワードの入力を受け付けないようにするのも効果的です。1万通り試せば当たるパスワードでも、数回試す程度で当たる可能性は極めて低いからです。

ただこれらの対策は、パスワードを設定するユーザーではなく、パスワードを必要とするサービス提供側の役割になります。ユーザーができることは、こういう対策が不十分なサービスは極力使わないことです。

◆ 芋づる式にやられるリスク

あるサービスで使ったパスワードを他のシステムで使い回すことも、できれば避けるべきです。あるサービスからパスワードが漏れた場合、そのサービスだけでなく他のサービスでも芋づる式に侵入されてしまうからです。IDとパスワードの組み合わせをリスト化し流用することから、「パスワードリスト攻撃」と呼ばれます。2019年夏に某大手コンビニチェーンの2次元バーコード支払いシステムが攻撃され、わずか3か月でサービス終了につながった事件は、このパスワードリスト攻撃だったと言われています。

こうした攻撃から身を守る方法は、やはりパスワードの使い回しをしないことでしょう。しかしすべてのサービスですべて異なるパスワードを設定するというのは、現実的には難しいものです。お金や重要な個人情報などを預けているサービスなら個別のパスワードを設定し、それ以外のサービスは使い回しもアリとするなど、パスワードが漏れたときのリスクをサービスごとに評価し、それに応じたパスワードの使い分けをするのもいいかもしれません。

◆ 人間の体の特徴を使った認証

パスワードは人間の記憶力に頼った認証方法です。記憶力に頼る限り、

簡単なパスワードの使用や同じパスワードの使い回しは完全にはなくならないと思います。その不安をなくす方法の一つが、形のない記憶ではなく形のある「物」を使った物理的な認証です。ICカードはその代表例です。またPC上でのユーザー認証時にその人のスマホに暗証番号を送る仕組みも、スマホという物理的な物を使う認証と言えます。しかし物理的な認証には、その「物」自体を紛失してしまうリスクが避けられません。

パスワードや物理的な認証が持つ本質的な弱点を解消する手法として、利用が拡大しているのが、指紋など人間の体の特徴を使った「生体認証（バイオメトリクス認証)」です。スマホにも採用されている指紋や顔認証のほか、声や筆跡、手の静脈の形状、瞳の模様を使う虹彩認証などがあります。虹彩認証はもともと競走馬の個体識別で使われ始めたものですが、人間にも適用可能として活用されるようになりました。

生体認証にはパスワードのように忘れるリスクや、ICカードのように紛失するリスクはありませんが、それでも完璧とは言えません。生体認証には「適切な設定が難しい」という弱点があるためです。生体認証はその時の体の状態や経年変化を考慮する必要があるため、100％一致しなければ認証しないというわけではありません。ある程度の誤差を許容しなければなりませんが、その「ある程度」の見極めが難しいのです。

厳しすぎれば本人にもかかわらず拒否される可能性があり、緩すぎると他人がパスしてしまいます。コロナ禍初期にマスク生活が始まったばかりの頃、スマホの顔認証が通らないという話も聞かれました。その後解消したのは、マスク姿でも許容されるように認証のアルゴリズムを改善し、「ある程度」の部分を調整したのでしょう。

◆理想のユーザー認証は「組み合わせ」

それぞれの認証方法に一長一短がある中、現時点で最も理想的な認証は「組み合わせ」です。認証方法を一つに限定するのではなく、例えばパスワードと顔認証、ICカードと指紋認証というように複数組み合わせるものです。顔認証がうまく通らない場合はパスワードで認証するということが可能で、こうした方法は複数の種類の認証方法を組み合わせることから「2

要素認証」と呼ばれます。

　似た手法に「2段階認証」というものもありますが、こちらは同じ種類の認証方法を複数行うものです。パスワードと秘密の質問の回答のように、記憶をベースとした認証を複数行う方法はこれに該当します。

ウイルス対策はソフトだけでは済まない

◆連休明けが狙われる

　セキュリティを脅かすものとしてよく知られているのが「**コンピュータウイルス**」です。コンピュータを使えなくしたり、内部の情報を盗み出したりするウイルスは、インターネット以前から存在しており、その対策ソフトも早くから提供されています。ウイルス対策ソフトを導入していないのは論外ですが、対策をそれだけに頼るのも危険です。

　ウイルス対策ソフトは、既知のウイルスの情報をデータベース化した定義ファイルをもとに、ウイルスと思われるデータを見つけてブロックします。定義ファイルは新たなウイルスが出現する度に更新されていますが、新たなウイルスの出現と定義ファイルの更新の間にはどうしてもタイムラグが避けられません。その隙を狙った攻撃は防御しきれないのです。現在のウイルス対策ソフトは、仮想の環境で実行してウイルスのような振る舞いをしないかどうかを検査することで、未知のウイルスにも対応しようとしていますが、それでも限界があります。

　更新された定義ファイルを取り込んでいないために、新たなウイルスに感染するケースもあります。定義ファイルは普通は自動的にダウンロードする設定になっていますが、企業の場合、連休などでPCの電源を入れない日が続くことがあります。電源が入っていなければダウンロードできないので、連休明けはウイルスに対する耐性が弱まっています。そのタイミングに感染する事例が実は多いのです。

◆一番怖い「ランサムウェア」

　いまウイルスで最も猛威をふるっているものは「**ランサムウェア**」です。

感染すると自動的に PC 内のファイルを全部勝手に暗号化して使えなくしたり、重要な情報を盗み出したりします。ウイルスの送信元は「元に戻してほしければ金を払え」と脅迫してくるため、別名「身代金ウイルス」とも呼ばれます。

　正直なところ、これに感染してしまったら手の施しようがないのが現実です。要求通りお金を払っても、ウイルス送信者はそんな律儀なはずもないので元に戻してくれるとは限りません。

　ランサムウェアの主な感染ルートの一つはメールです。残念ながら標準的なメール送信のプロトコルはセキュリティが甘く、差出人を偽造してウイルスを送り込んで来ることがあります。インターネットサービス各社は対策を行っていますが、それでも対策が弱いところを介してウイルスを送ってくる行為が後を絶たないので、受信者側で差出人をチェックする習慣や仕組みが重要です。

　万が一感染した時は、他のパソコンに伝染しないようにすぐネットワークから切り離したり、復旧用にあらかじめバックアップを取っておくことも必要です。自己防衛の意識がなくては、ランサムウェアのような怖いウイルスに対抗することはできません。

「暗号化」で機密性を確保する

◆ 2 種類の暗号方式

　機密性を確保する切り札に「暗号化」があります。やり取りするデータに暗号を掛け、それを元に戻す（復号する）ことのできる人しか見ることができないようにする手法です。コンピュータの世界での暗号化と復号には、多数の桁の 0 と 1 から成る「鍵」を使用し、決められたアルゴリズムで計算して暗号化や復号を行います。その鍵の仕組みには、「共通鍵暗号方式」と「公開鍵暗号方式」の 2 種類があります。

　共通鍵暗号方式は、データを送る側と受け取る側が同じ共通鍵を使います。言わば「合鍵」方式で、一つの鍵で暗号化と復号の両方が可能な仕組みです。仕組みが単純なため高速な暗号化や復号が可能で、交通系 IC カー

ドなどで広く使われています。しかし合鍵を事前に相手に渡す必要があり、その過程で鍵が盗まれてしまう危険性があります（図4.7の左）。

それに対して公開鍵暗号方式は、暗号化には「公開鍵」、復号には「秘密鍵」を使います。この2つの鍵はペアになっており、ある公開鍵で暗号化したデータは、それとペアの秘密鍵でしか復号できません。復号に必要な秘密鍵は自分専用で絶対に外に出してはいけませんが、公開鍵は暗号化専用として使われるため、誰にでも公開できます。共通鍵暗号方式のような鍵を渡すときの心配もないわけです。半面、共通鍵暗号方式に比べて仕組みが複雑で、処理が遅いという弱点があります（図4.7の右）。

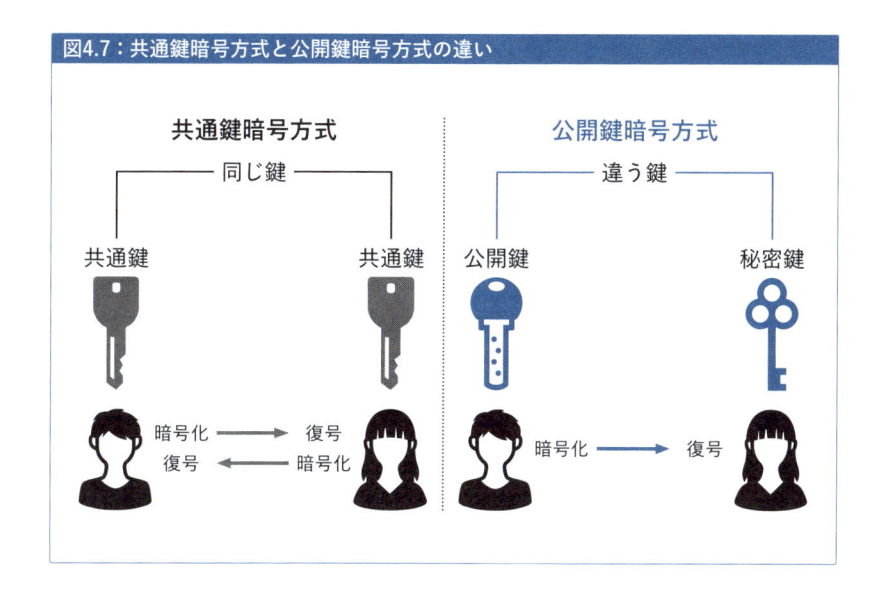

図4.7：共通鍵暗号方式と公開鍵暗号方式の違い

そこで、セキュリティが要求されるWebサイトなどでは、この2つのいいとこどりをした暗号化が行われています。基本は共通鍵暗号ですが、最初に共通鍵を相手に渡すところだけ公開鍵暗号を使うというものです。共通鍵が一度相手に渡ってしまえば、後は高速な共通鍵暗号方式が使えます。

◆ネット上の身分証明書「デジタル署名」

公開鍵暗号方式は機密性確保だけでなく、完全性の確保にも使われます。データの作成者を証明する「デジタル署名」による完全性確保です。ネッ

ト上で身分証明書のような役割を果たすデジタル署名は、「ビットコイン」
のような暗号資産（仮想通貨）で取引履歴の完全性を確保するようなシー
ンで使われています。デジタル署名は公開鍵暗号方式に加えて、一方向だ
けの計算が可能な「ハッシュ関数」で成り立っています。

　通常「y＝2x」のような関数は、xからyを求められると同時に、「x＝
(1/2)y」でyからxを逆算することもできます。ハッシュ関数はこの逆算
が不可能な関数です。正確には不可能ではないのですが、コンピュータを
使っても膨大な時間がかかってしまうため、事実上不可能とされています。

　デジタル署名の仕組みでは、送るデータにハッシュ関数を掛けた「ハッ
シュ値」を作り、送信者の秘密鍵で署名を作成します。できあがった暗号
が「デジタル署名」です。そのうえでデータとデジタル署名を相手に送り
ます。受け取った人はデータをハッシュ関数に掛けると同時に、送信者の
公開鍵でデジタル署名を検証します。デジタル署名が確かに送信者の秘密
鍵で作られたものであれば、この両者は一致するはずです。これにより、
データの送信者を確認することができます（図4.8）。

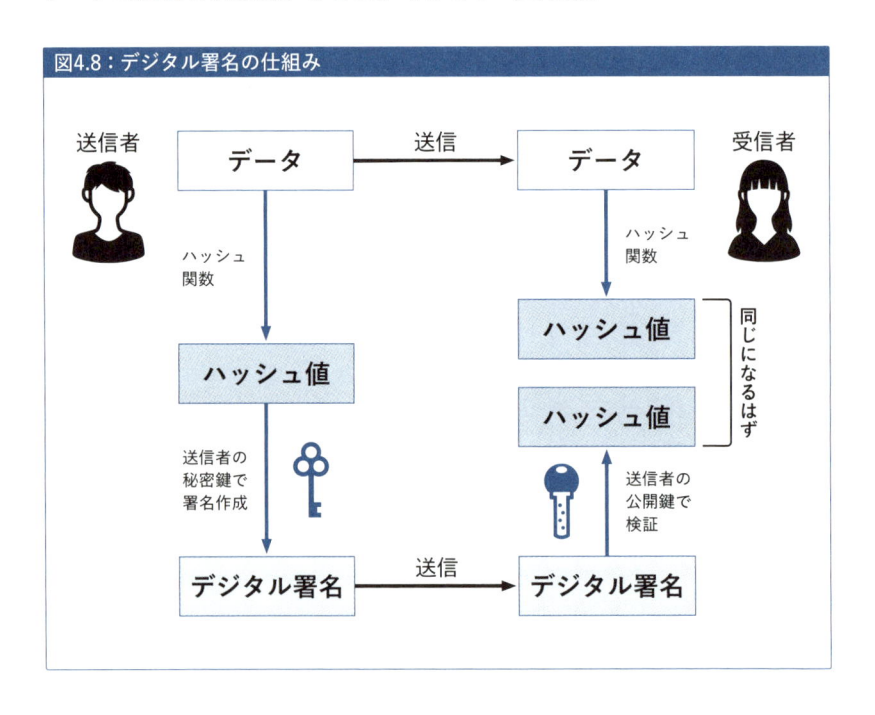

図4.8：デジタル署名の仕組み

ただしこの仕組みは、デジタル署名の検証に使う公開鍵が、送信者の公開鍵であることが保証されていなくてはいけません。公開鍵自体が偽物だった場合、偽物の秘密鍵で作られたデジタル署名は正しく検証されてしまうからです。

　公開鍵を認証するための仕組みとして「電子証明書」があります。電子証明書は、信頼できる第三者組織が発行する証明書です。これを組み込んだWebサイトは、ブラウザで表示時に図4.9のような鍵マークが表示されたりします。公開鍵はこの電子証明書を組み込むことで正しいものであることが確認できるようになっています。

図4.9：有効な電子証明書を持っていることを示す鍵マーク

ファイアウォールはLANの"守衛さん"

　特に多数のコンピュータを使う企業の場合、一台一台を外からの攻撃から守るのは大変です。LAN全体でまとめて守る仕組みが必要で、その代表的なものが「ファイアウォール」です。LANの出入口に"火の壁"となって立ちはだかり、不正な侵入をブロックします。

　代表的なファイアウォールが、データのパケットの中身を検査するパケットフィルタリング型のファイアウォールです。4-1節の冒頭の入試問題でも示したように、パケットには送信先や宛先などの情報が書かれたヘッダーが含まれています。パケットフィルタリング型のファイアウォールは、出入口を通ろうとするパケットのヘッダーの内容をチェックし、事前に決

めておいたルールの一覧表（フィルタリングテーブル）に反しているもの
をはじきます。パケットがどこから来たのか（送信元）、どこに行きたいの
か（宛先）、何の用か（接続先のアプリケーション）などをチェックする
"守衛さん"のような存在です。

　しかしパケットフィルタリング型のファイアウォールは、例えばWebブ
ラウザ上で不正なプログラムを動かすような攻撃には対処できません。こ
うした攻撃はパケットのヘッダーではなくペイロードの方に組み込まれる
ため、ヘッダーのチェックでは防ぎきれないのです。このような攻撃に有
効なファイアウォールは、「WAF（Web Application Firewall）」と呼ばれ
ます。企業のシステムにはWebブラウザ上で動くものが増えており、それ
を守る必要性も高まっていることから、WAFを導入する企業が増えている
ようです。

無線LANはやっぱり注意が必要

　一昔前の企業のLANは有線接続が大半でしたが、今ではWi-Fiなど無線
LANが標準になりつつあります。タブレット端末やスマホだけでなくPC
でも有線LANの接続口を持っていない機種が増えており、今後も無線LAN
の活用が広がっていくでしょう。しかしケーブルをたどれる有線LANと違
い、目に見えない電波を使う無線LANはどことつながっているかは分かり
ません。そのため無線LANは有線LAN以上にセキュリティ対策が重要です。

　最低限、パスワードの設定は行っておくべきです。街角で使えるWi-Fi
には、今でもたまにパスワード不要で使用可能なものがあったりしますが、
決して使うべきではありません。中には意図的にパスワード不要のアング
ラなWi-Fi、通称「野良Wi-Fi」を設置し、セキュリティ意識の薄いユーザ
ーを呼び込もうとする行為も見られます。そういうところとつなぐと、や
り取りする情報を盗み見される恐れがあります。

　パスワードの設定により、無線でのやり取りは共通鍵暗号方式で暗号化
されます。しかしそれでも、パスワードがその周辺にいる人と共通ではあ
まり意味がありません。どうしてもそういう環境で使わなくてはならない

のであれば、クレジットカード番号など機密性の高い情報をやり取りするサイトだけは使わないようにすることが必要です。やはり基本は「自己防衛」なのです。

　パスワードの他に無線LANのセキュリティを比較的簡単に高められる方法には、「SSIDのステルス化」があります。SSIDは無線LANにつなぐ時のIDです。通常は無線LANにつなごうとしたときに一覧に出てくるので、自分で手入力する必要はありません。しかし入力が不要な分、パスワードだけ当たればアクセスできてしまいます。SSIDのステルス化はその一覧から消してしまうものです。SSIDを手入力するにはあらかじめSSIDを知っていないといけないので、SSIDとパスワードの両方を知っている人しかアクセスできません。企業内のように使う人が限られている場なら、SSIDのステルス化は特に効果的です。ちなみに我が家の無線LANも、SSIDのステルス化を行っています。

「21世紀の石油」と呼ばれる理由
データ

| 入試問題を Check! ....

　表1は，ある店舗の3月3日から3月12日までの10日間の気象情報（天気と最高気温），来客数および売上高のデータである。このとき，以下の問いに答えよ。

表1　ある店舗の売上データ

No.	日付	天気	最高気温(℃)	来客数(人)	売上高(千円)
1	3月3日	晴れ	10	5	900
2	3月4日	雨	8	4	300
3	3月5日	晴れ	15	9	2,000
4	3月6日	雨	6	8	600
5	3月7日	曇り	9	10	950
6	3月8日	晴れ	12	9	1,800
7	3月9日	晴れ	10	12	2,500
8	3月10日	曇り	8	8	800
9	3月11日	晴れ	12	10	1,800
10	3月12日	雨	5	15	−

問　量的データ，質的データおよび欠損データについてそれぞれ説明せよ。さらに，表1の表頭にある項目「天気」,「最高気温（℃）」,「来客数（人）」,「売上高（千円）」を量的データと質的データに分類せよ。

広島市立大学情報科学部　一般選抜後期日程　個別学力検査　模擬問題A　第2問

データの特性に関する問題です。データは、それがどんな意味を持つのかによって大きく2つに分けられます。その一つ「量的データ」は、数字として意味を持つデータです。数字で表されているため計算や比較が可能であり、その結果から意味を見いだすことが可能です。「最高気温（℃）」や「来客数（人）」、「売上高（千円）」はいずれも数字であり、計算によって「一日の平均来客数」や「最大売上高」など新たな情報を得られます。

もう一つの「質的データ」は、基本的に文字情報として表されるデータです。数字だけでは表せないような多様な情報を表現することができます。この問題のデータでは「天気」が質的データです。数字ではないため計算はできませんが分類は可能であり、例えば「晴れ」の日が何日あったかを数えたり、売上高のデータと組み合わせて天気が与える影響を考察したりすることが可能です。

一方、「欠損データ」はデータを得ることができなかった部分を指します。この問題のデータでは右下、3月12日の売上高が空欄になっているので欠損データのようです。データを得られなかった理由には、データを取得する機器の不具合やアンケートでの無回答、またはアンケートが実施できなかった時のようなケースが考えられます。2011年の東日本大震災の直後には、各種の機器が壊れたためにデータが取れなかったり、毎年行っている調査が災害対応で実施できなかったりして、政府系の調査でも欠損データが相次いで発生したことがありました。

データは「取る」ものから「使う」ものへ

データは物事を客観的に判断するために欠かせない存在です。データを取るには、状況を正確に把握できるような調査やアンケートを行うことが必要ですが、調査やアンケートには大きな労力を要します。国勢調査などは国の政策の基本となるため大きなコストをかける価値はあっても、日常の業務で判断のたびに調査をしてもそれにかかる労力には到底見合わないでしょう。現実のデータをもとにした判断ができないため、経験や勘という極めて曖昧で共有も困難な情報に頼るしかなかったわけです。

しかし今ではデータを取ることは容易になりました。データを集める「センサー」が多様化するとともに小型化し、さまざまなデータを自動的に取得可能になっています。また無線ネットワークが広く普及し安価に使えるようになり、データを取る場所の制約を受けなくなったことも、データを取りやすくなった大きな理由です。

データは「21世紀の石油」とも呼ばれます。データをどう活用するかが産業や国力を左右するようになってきたからです。データを"採掘"する技術の進展でデータを取ること自体のハードルは低くなり、ポイントはそのデータをどう使うかという方に移ってきているのです。

データの活用は「情報Ⅰ」のメインテーマと言っても過言ではありません。21世紀の石油だからこそ、次の世代にその効果的な使い方を学ばせることが重要になってきたわけです。もちろん次の世代だけでなく、現役世代も学ぶべきなのには変わりありません。

ここからの3節は、そのデータの活用について説明していきます。第一弾として本節では、データ活用の前提知識として必要な「データの本質」を紹介します。

データの入口「センサー」

◆スマホ1台にもいろいろなセンサーが

まずデータ取得を容易にした大きな要因である「センサー」について解説します。センサーは現実世界の情報を取得し、電気信号などに変えていくものです。電気信号に変えることで、それをもとに機械を動かしたり、コンピュータに記録したりできるようになります。例えば人感センサーは、人が発する熱などを検知して人が来たことを認識します。その信号をスイッチとして自動的に電灯をつけたり、カメラでその場を撮影したりします。

センサーは高精度化と同時に多様化も進んでいます。温度や速度、距離や圧力、音や光、地磁気などあらゆるデータを取得可能になりました。カメラや位置情報を取得するGPSも一種のセンサーです。

しかもこれらのセンサーはいずれも小型化されたため、小型の機械にも

多数搭載が可能になりました。その典型がスマホです。1台のスマホがカメラやGPS、加速度や磁気など多数のセンサーを搭載するようになりました。1人1台のスマホで多くのデータを取得でき、しかもそれを無線で送ることができるので、膨大なデータを容易に集められます。スマホの普及は、データ活用の下地作りにも貢献しているのです。

◆巨大なデータは宝の山

データを集めやすくなったことで、集められたデータは巨大なものになりました。こうした巨大なデータは「ビッグデータ」と呼ばれます。特に稼働中の機械に取り付けられたセンサーは、連続的にデータを取得し続けるのでその量はすぐに膨大になります。例えば自動運転の機能を持つ車は、自動運転のために数多くのセンサーを搭載しているため、1日走行するだけでも高性能なパソコン1台分の記憶容量を食い潰すほどのデータを集めると言われています。

長い期間をかけて蓄積したビッグデータを分析することで、新たな発見が得られます。例えば工場で動いている機械に電流センサーや振動センサーをつけると、機械の稼働中の電流値や振動量を取り続けることができます。短期間のデータでは何らかの気づきを得るのは困難ですが、長期間のデータを分析すると、その変化から機械の故障の兆候を読み取ることができたりします。それをもとに次の故障時期を予測し、機械が突然停止する前にメンテナンスするようなことが可能になるのです。

1個1個のデータは小さくても、それを多数集めてビッグデータにすることで発見につなぐこともできます。自動車業界では走行中の車の位置情報とワイパーの動作情報を集めて、今どこでどの程度の雨が降っているかをリアルタイムに可視化するシステムの研究が進んでいるそうです。実現すると、気象庁の観測網よりも細かい単位で雨の降り方を知ることができるようになるでしょう。

ビッグデータの中には、ある目的のために集められたものではなく、単にデータを取り続けていたら結果的に有用なビッグデータになったというものもあります。コロナ禍の最中、携帯電話の電波情報をもとに分析した

繁華街の人出が、ニュースでよく取り上げられていました。携帯電話会社はもともと電波情報をそういう方向に活用することは想定していなかったはずです。しかし「このデータからこういうことが分かるのでは?」と考え、実際に分析したことで人流が分かり、コロナ禍で役に立つ情報を提供できるようになったわけです。こうしたビッグデータの新たな活用法の探索は、データから宝を"掘り出す"という意味から「データマイニング」と呼ばれます。

　ただしビッグデータは往々にして、ムダな情報や分析結果を狂わす情報などが含まれているものです。また先ほどの携帯電話の電波情報の例では、個々の電話番号など取り扱いに注意を要する情報が含まれていますが、人流の分析には不要なので、管理するよりも削除してしまった方が安全です。このようにデータを活用しやすい形にすることは、不要な情報を"洗い流す"意味から「クレンジング」と呼ばれます。

データの比較方法にも特性がある

◆計算して意味があるかどうか

　データを取るうえで最初に留意すべきことは、冒頭の入試問題でも採り上げた「データの特性」です。取ったデータをどのように活用するかを考えて、それに適した形式で取らなくては、せっかく集めても活用しようがありません。

　入試問題の解説に書いたように、データには数字で表される「量的データ」と文字で表される「質的データ」があります。ただし電話番号や郵便番号のようなデータは、数字ですが量的データではありません。量的データは計算結果が意味を持ちますが、電話番号を2倍したり、2カ所の郵便番号を足したりした情報は全く意味がないからです。逆に質的データでも、同じデータを「数える」という計算処理により新たな発見ができたりします。

◆比率計算が意味のあるデータと意味のないデータ

　量的データと質的データは、相互の比較方法によってそれぞれ2つの「尺度」に分類されます。量的データには、データの間隔や比率に意味がある「比例尺度」と、間隔には意味があるが比率には意味がない「間隔尺度」があります。冒頭の入試問題で言えば、「売上高」や「来客数」は比例尺度のデータの一例で、「最高気温」は間隔尺度を持つデータです。

　売上高は、例えば「100万円」と「150万円」という売上高の関係は、「50万円増加」という間隔で表せると同時に、「1.5倍増加」という比率でも表すことができます。しかし気温の場合、「20℃」と「30℃」の間は「10℃上昇」という間隔では表せても、比率で「1.5倍暑い」という表現には意味がありません。どういう計算処理ができるかによって、2つの尺度に分かれるわけです。

　質的データには、データの分類が可能な「名義尺度」と、データの順序にも意味がある「順序尺度」があります。冒頭の入試問題の「天気」は名義尺度を持つデータです。「晴れ」「曇り」「雨」それぞれに分類して、晴れが何日あったかなどを表すことができます。

　順序尺度を持つデータは分類だけでなく、それぞれの分類の順番にも意味があるものです。例えばオリンピックの成績で「金メダリスト」「銀メダリスト」「銅メダリスト」という情報からは、国別の各メダルの獲得数を集計できるだけでなく、3者の中で金メダリストが1位であり、銀メダリストが2位であるという順序も分かります。ただし「金メダリストと銅メダリストの平均は銀メダリスト」というのがおかしいように、その順番を計

図4.10：量的データ、質的データ、各尺度水準の例

種類	尺度	特徴	具体例
量的データ	比例尺度	データの間隔や比率に意味	身長、体重
	間隔尺度	データの間隔に意味	座席番号
質的データ	名義尺度	データの分類が可能	血液型
	順序尺度	データの分類と順番付けが可能	服のサイズ

算処理することには意味がありません。

　データは一度取り始めると、途中でその取り方を変えるのは難しいものです。取り始める前にデータの性質や集める目的、処理方法を考慮したうえで、適切な形式で集めていくことが重要です。

誰でも使える「オープンデータ」

　私的な話で恐縮ですが、私は大学時代は経済学科で学びました。統計学のゼミに所属し、卒業論文のためにコンピュータでデータ分析を行ったことが、この分野に携わるようになったきっかけです。データ分析を始める時に最も大変だったことが、使えるデータを集めることでした。当時はまだインターネットは一般には公開されておらず、信頼があり入手可能なデータと言えば総務庁（当時）の統計局の資料室にあるデータぐらいです。夏の暑い中、バス代をケチって大学から統計局のあるビルまで通じる長い坂を登って資料室を探し、卒論のテーマに合いそうなデータを見つけたらお金を払ってコピーし、持ち帰って分析すると期待外れ。翌日また暑い中を坂を登って統計局へ……ということを繰り返した苦い思い出があります。使えるデータを探すことのハードルがとても高く、よほど必要性のある人しかデータを使おうという気にはならなかったはずです。

　しかし今は同じような苦労をする必要はありません。国や自治体がインターネットで公開しているさまざまな「オープンデータ」があるからです。国や自治体は政策の立案や効果検証のために、各種のデータを取って集計しています。それらを一般の人にも使えるようにしたのがオープンデータです。

　オープンデータを閲覧できるポータルサイト「s-Stat」（https://www.e-stat.go.jp/）には、各省庁の多様なデータが整理されています（図4.11）。その場でグラフ化できる「統計ダッシュボード」（https://dashboard.e-stat.go.jp/）も便利です。いずれも自宅からでも容易に検索して無料でダウンロードできます。しかも表計算ソフトなどで自由に加工できる形式で公開されているので、データを入力する必要さえないのです。こういうデータ

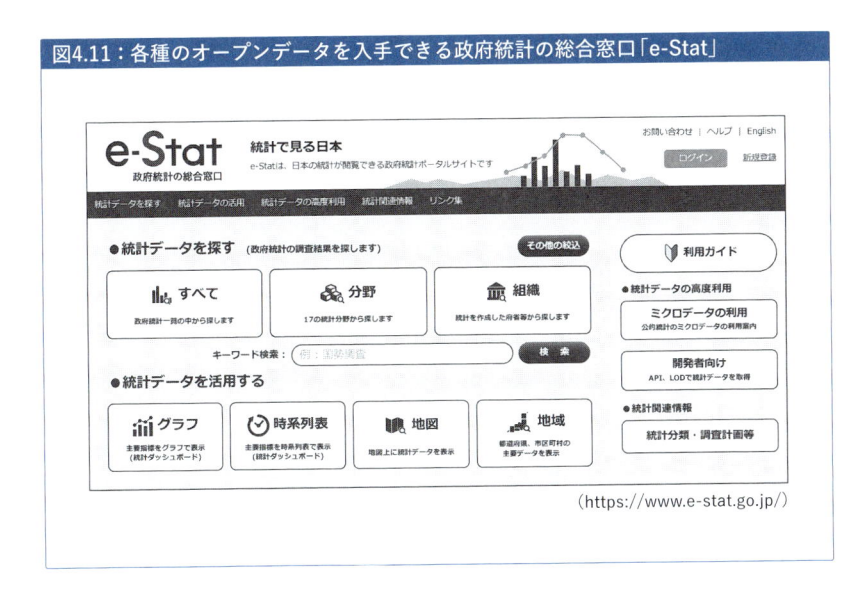

図4.11：各種のオープンデータを入手できる政府統計の総合窓口「e-Stat」

（https://www.e-stat.go.jp/）

が僕の大学時代にあったら……と、うらやましくなる時があります。

　国がオープンデータという形で各種データを整備したのは、一般の人にも積極的に活用してもらい、新たな発見を通じて国の発展に結び付けたいという想いからです。ならばその期待に応えることが、ビジネスの場で活躍するわれわれ大人の責務ではないでしょうか。

オープンデータを使ってみよう

　実際にオープンデータを使ってみましょう。2020年春から日本でも広がった新型コロナウイルス感染症は、「ニューノーマル」という言葉に代表されるように人々の生活様式を大きく変えました。それはさまざまな産業に影響を与えたのは記憶に新しいところと思います。影響を受けた産業の一つが、小売業と言われています。では具体的に小売業にどんな影響を与えたのか、オープンデータを使って調べてみましょう。

　目的に合ったデータをe-Statから探すなら、「統計データを探す」の「分野」から入るのがいいと思います。小売業が含まれる「商業・サービス業」に「商業動態統計調査」というのがあるので、それが使えそうです。調査

名があらかじめ分かっているならば、トップページからキーワード検索することもできます。

　商業動態統計調査のリンクをたどっていくと、調査を実施した経済産業省のサイトに行き着きます（図4.12）。そこにある統計表一覧には、百貨店やスーパーなど業態ごとの時系列データが並んでいます。これらをダウンロードして集約し、業態ごとにコロナ禍前後での売上高の変化をグラフ化するのがいいでしょう。

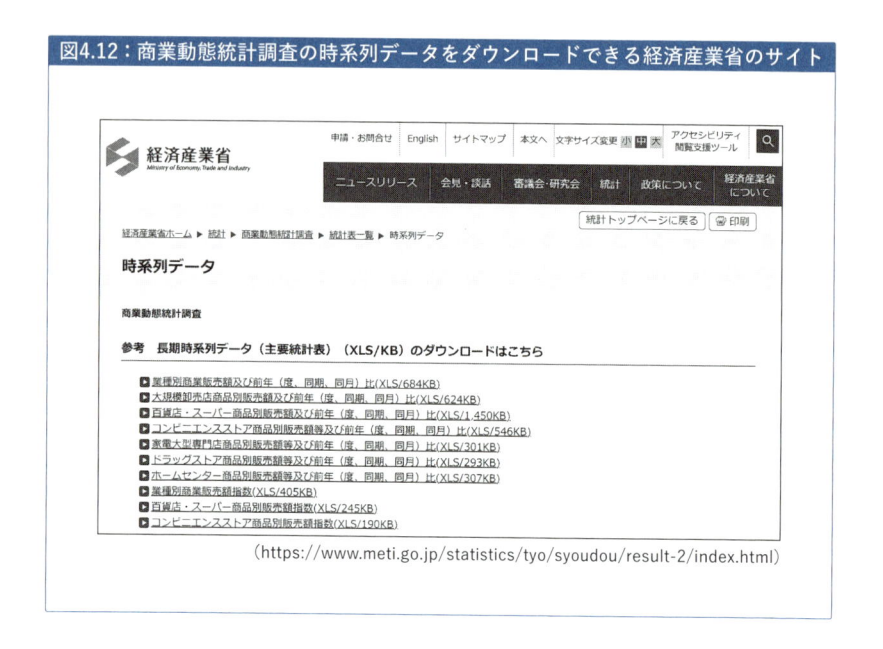

図4.12：商業動態統計調査の時系列データをダウンロードできる経済産業省のサイト

（https://www.meti.go.jp/statistics/tyo/syoudou/result-2/index.html）

　表計算ソフトに取り込んだ毎月の売上高をグラフ化したものが図4.13です。コロナ禍で最初に緊急事態宣言が発せられた2020年4月の前後に注目すると、特に百貨店の落ち込みが目立ちます。百貨店は都市の中心部にあることが多いため、外出抑制が大きく響いたのでしょう。コンビニエンスストアも外出そのものが減った影響からか、落ち込んでいます。その一方でスーパーの売上高は伸びています。人々が外食を避け、「おうち時間」が拡大したことが影響したのでしょうか。またドラッグストアはあまり変化なく、コロナ禍以前からずっと右肩上がりの基調が続いています。

　こうして見ると、同じ小売業でもコロナ禍の影響の現れ方は業態によっ

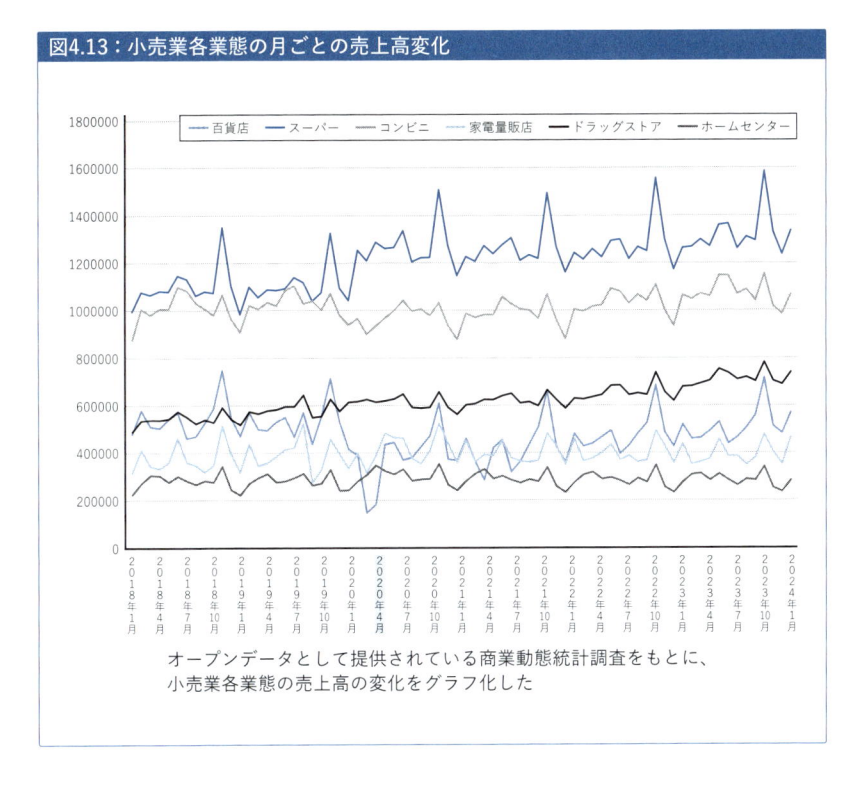

図4.13：小売業各業態の月ごとの売上高変化

凡例：百貨店　スーパー　コンビニ　家電量販店　ドラッグストア　ホームセンター

オープンデータとして提供されている商業動態統計調査をもとに、
小売業各業態の売上高の変化をグラフ化した

て異なることが分かります。オープンデータを単にグラフ化するだけでも、見えてくることがあるのです。

　データは主観を排し、動かぬ証拠を提示してくれます。偏った情報、想像だけで語る情報には説得力はありません。ビジネスの場では、一つのプロジェクトは社内外の多くの関係者の協力により遂行されます。プロジェクトを円滑に進めるためには、関係者を納得させ、巻き込んでいかなくてはなりません。そのために説得力のあるデータで周りを動かしていく力が、「リーダーシップ」や「コミュニケーション能力」という言葉で表現されるビジネススキルなのではないでしょうか。データを簡単に集められるようになったことで、それらスキルを身につけて発揮できるチャンスも増えているのです。

　ただし先ほどの小売業のグラフは細かい凸凹が多く、トレンドがひと目で分かるというものではないと思います。さらに説得力を高めるものにす

るには、データを単に可視化するだけでなく、計算処理などにより適切に分析することが必要です。その分析の手法については、この後4-4節以降で解説していきます。

データを誤解しないための加工法

データ活用（1）

入試問題をCheck!

　次の表1は，国が実施した生活時間の実態に関する統計調査をもとに，15歳以上19歳以下の若年層について，都道府県別に平日1日の中で各生活行動に費やした時間（分）の平均値を，スマートフォン・パソコンなどの使用時間をもとにグループに分けてまとめたものの一部である。ここでは，1日のスマートフォン・パソコンなどの使用時間が1時間未満の人を表1-A，3時間以上6時間未満の人を表1-Bとしている。

表1-A　スマートフォン・パソコンなどの使用時間が1時間未満の人の生活行動時間に関する都道府県別平均値

都道府県	睡眠 （分）	身の回りの 用事（分）	食事 （分）	通学 （分）	学業 （分）	趣味・娯楽 （分）
北海道	439	74	79	60	465	8
青森県	411	74	73	98	480	13
茨城県	407	61	80	79	552	11
栃木県	433	76	113	50	445	57

表1-B　スマートフォン・パソコンなどの使用時間が3時間以上6時間未満の人の生活行動時間に関する都道府県別平均値

都道府県	睡眠 （分）	身の回りの 用事（分）	食事 （分）	通学 （分）	学業 （分）	趣味・娯楽 （分）
北海道	436	74	88	63	411	64
青森県	461	57	83	55	269	44
茨城県	443	80	81	82	423	63
栃木県	386	120	79	77	504	33

（出典：総務省統計局の平成28年社会生活基本調査により作成）

問　花子さんたちは表1−A，表1−Bのデータから睡眠の時間と学業の時間に注目し，それぞれを図1と図2の箱ひげ図（外れ値は○で表記）にまとめた。これらから読み取ることができる最も適当なものを，後の①〜④のうちから一つ選べ。

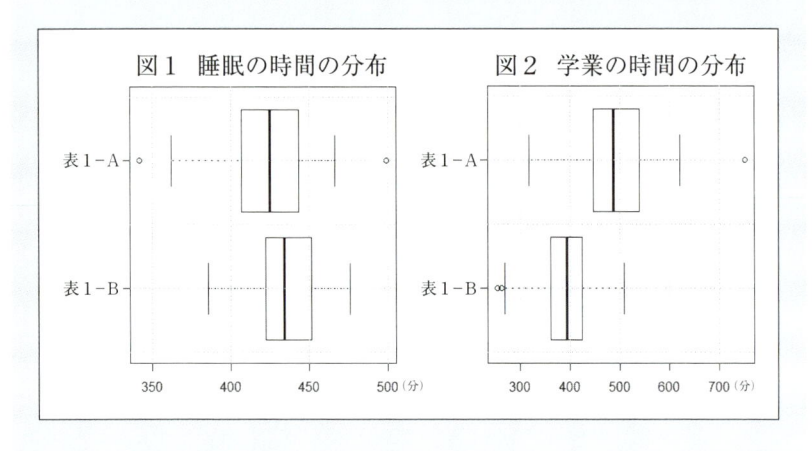

①睡眠の時間が420分以上である都道府県の数をみたとき，表1−Aの方が表1−Bよりも多い。

②学業の時間が550分以上の都道府県は，表1−Aにおいては全体の半数以上あり，表1−Bにおいては一つもない。

③学業の時間が450分未満の都道府県は，表1−Bにおいては全体の75％以上であり，表1−Aにおいては50％未満である。

④都道府県別の睡眠の時間と学業の時間を比較したとき，表1−Aと表1−Bの中央値の差の絶対値が大きいのは睡眠の時間の方である。

令和7年度大学入学共通テスト試作問題『情報Ⅰ』第4問　問2　改

　データの分布を表す「箱ひげ図」の読み方に関する問題です。箱ひげ図はデータを小さい方から大きい方に並べ替えた時の最小値、四分位数（データの件数を4等分した時の3つの境界値）、最大値を図式化したものです。データがどのように広がっているかを表現することができます。

　選択肢①は、睡眠の時間の分布を示す図1の420分のあたりに縦線を引くと、表1−Aは第1四分位数（小さい方から1/4の位置にあるデータ）と

第2四分位数（同2/4の位置にあるデータ。中央値）の間に来るのに対し、表1−Bは最小値と第1四分位数の間に来ます。その線より右に来るデータは表1−Bの方が多いことになるので誤りです。

　同様に選択肢②も、学業の時間の分布を示す図2の550分のところに縦線を引いてみると、表1−Aは第3四分位数（小さい方から3/4の位置にあるデータ）より右になります。なので「全体の半数以上あり」と言えません。

　選択肢③は、図2の450分のところに縦線を引くと、表1−Bは第3四分位数より右です。つまりその縦線より左の450分未満は、全体の3/4以上あることになります。また表1−Aは、50％を示す第2四分位数（中央値）の線が450分の縦線より右にあるので、450分未満は50％もないことを示しています。いずれも正しいためこれがこの問題の正解です。

　選択肢④は、箱の中の太線が中央値になるので、その位置を比較することで解くことができます。その差の絶対値が大きいのは、明らかに図2の学業の方なので誤りです。

正答は③

データ加工はまず「データベース」化から

◆身の回りで動くデータベース

　集めたデータはそのまま使うよりも、何らかの加工を施した方が目的の情報を得やすくなります。加工することによってデータ活用の範囲が広がります。加工するためには、データを加工に適した形で蓄積し、随時取り出すような仕組みが必要です。その仕組みが「**データベース**」です。

　データベースは、身の回りで動くあらゆる情報システムの根幹にあると言っても過言ではありません。例えば駅の自動改札機のシステムは、乗客がかざした交通系ICカードから乗車駅を読み込んで乗車料金を表から検索し、それをICカードの残高から引き去るとともに鉄道会社の売上高として計上する処理を瞬時に行っています。これら一連の処理は、各駅からの乗車料金、ICカードに書き込まれた乗車駅と残高の情報、鉄道会社の売上情

報など記録した各種の表を連携させることにより実現しています。それぞれの表にデータを書き込み、計算したり削除したりしながら、切符を買わなくても電車を利用できる仕組みを提供しているわけです。

　蓄積したデータベースからは有用な情報を導き出すことができます。駅の自動改札機のシステムの場合で言えば、改札口を通った時間を記録することで時間ごとの詳細な乗降客数をはじき出すようなことが可能です。紙の切符を駅員さんが回収していたのでは分からない情報を、データベース化によって瞬時にはじき出し、業務改善などに生かせるようになってきたのです。

◆排他制御で一貫性を保つ

　データベースの運用や管理をつかさどるのが「データベース管理システム」（DBMS：DataBase Management System）です。DBMSはデータを表形式で蓄積するとともに、必要なデータを検索したり、必要な形式でデータを出力したりする機能を持ちます。DBMSの各種機能のうち、重要な

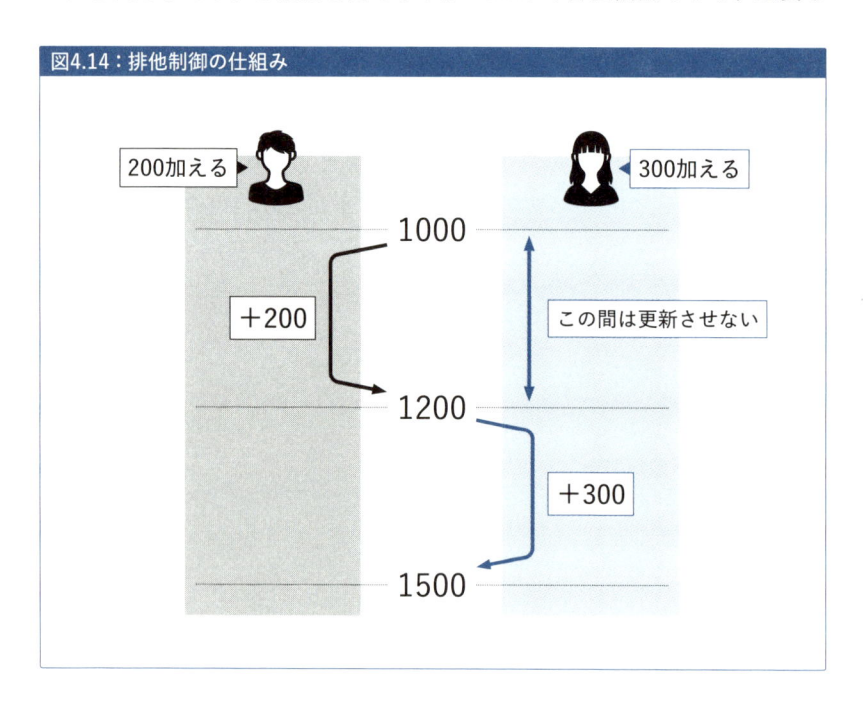

図4.14：排他制御の仕組み

200加える

300加える

1000

＋200

この間は更新させない

1200

＋300

1500

のがデータの「一貫性」を保つための機能です。

　例えば「1000」というデータに、ある人は200加え、別の人は300加える処理をしようとしたとします。この時、両者の処理が終わったデータは1500になるはずです。しかしこれら処理がほぼ同時に行われた場合、いずれの人も元の1000に足そうとしてしまい、1200や1300という結果が出てくる可能性があります。結果がどちらか分からない以前に、そもそもどちらも正しい結果ではありません。

　DBMSはこういうことを防ぐために、一人がデータを更新中は他の人は更新を不可能にする「排他制御」という機能を持っています（図4.14）。200を加えようとした処理が先なら、それが終わるまで300を加える処理を待たせるものです。1000から1200への更新が終わってから300を加える処理を受け付けるため、正しく1500に更新されます。

◆ トランザクションは"All or Nothing"

　実際のデータベースは一つの表だけではなく、先ほどの駅の自動改札機のシステムのように複数の表が連携して動作するのが多数です。この場合、関連する複数の表の間でデータの一貫性を保つための機能が必要です。

　駅の自動改札機のシステムで言えば、乗客が降車駅で改札から出る際、ICカード残高からの減算と、鉄道会社の売上高への加算の2つの処理が発生します。この2つの処理は必ずセットで行われなくてはなりません。前者だけ行うとお金がどこかに消えてしまい、後者だけ行うと実在しないお金が売り上げに計上されてしまうことになります。しかしコンピュータは機械である以上不具合を完全に避けることはできず、片方が正しく行われない事象は起こり得ます。

　そこでDBMSでは、セットで行う処理は必ずセットで実行する仕組みを持っています。ICカード残高の減算と売上高の加算を行うならば、それぞれの更新をまず「仮」で行います。すべて仮の状態までたどり着いたことを確認したら、一斉に更新して確定させます。もしいずれかの更新に不具合がある場合は、仮で更新している処理も取り消して元に戻します。全部更新するか全部更新しないのどちらかという"All or Nothing"であり、こ

の仕組みは「**トランザクション**」と呼ばれます（図4.15）。

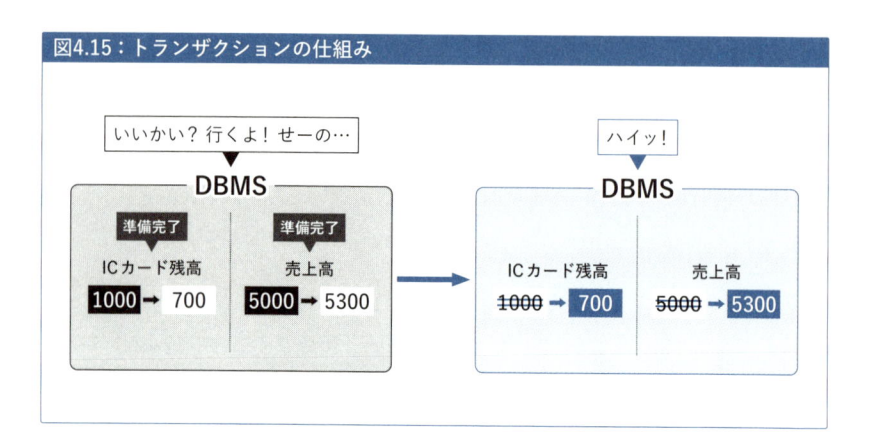

図4.15：トランザクションの仕組み

データの構造に合わせた管理方法

◆同じデータを二重に持たないための工夫

　データベースが複数の表の連携によって構成されているのは、それぞれの表が管理する対象が異なるからです。しかし現実には、管理対象が1つであっても実際には複数の表に分かれていることがほとんどです。

　交通系ICカードの場合、個々のカードの情報を管理するシステムには、残高だけでなく乗車履歴などの情報が記録されています。乗車駅が「東京」駅、降車駅が「横浜」駅というような履歴です。この時、表には「東京」や「横浜」という駅名が直接入っているわけではなく、乗車駅が「t0001」、降車駅が「k0021」のような駅を示すコード番号で記録されていると思います。そしてその表とは別にt0001が東京、k0021が横浜のような対応を示す駅コード表を用意し、2つの表を組み合わせて「東京から横浜まで」という乗車履歴が分かるようになっています（図4.16）。

　1つの表にまとめられそうなデータをわざわざ2つに分けているのは、データの不整合を防ぐためです。乗車履歴の表に直接記録する場合、「東京」「TOKYO」「とうきょう」など異なる表記が入り交じる可能性があり、乗降客数の集計などが難しくなってしまいます。また仮に「東京」駅が「江戸」駅と改称された場合、同じ駅にもかかわらず改称後から乗車履歴上で

乗車履歴表

カード番号	乗車駅ID	降車駅ID
ABC123	t0001	k0021

駅コード表

駅ID	駅名
t0001	東京
k0021	横浜

は別の駅のように扱われてしまいます。

　しかし駅名をコード番号で登録していると、駅コード表上で「t0001」の駅名を「東京」と定義しておけば、それ以外の表記が混じることはありません。駅名改称時は駅コード表上で「t0001」の駅名を「東京」から「江戸」に書き換えるだけで済みます。乗車履歴の表の中から「東京」を探し、それらを「江戸」に更新するような面倒な作業は不要です。また駅名のような情報は乗車履歴だけでなく、例えば駅員さんの勤務駅一覧のような表を作る場合も活用できるため、乗車履歴と勤務駅一覧の間での駅名の不一致も防げます。

　このように複数の表に分けてデータを記録し、それぞれを関連付けて管理するデータベースは「リレーショナルデータベース（RDB）」と呼ばれます。RDBでは表を分けることで、同じデータを二重に持たないようにしています。それによりデータの一貫性が崩れることを防いでいるのです。

◆データごとに管理する項目を変える

　RDBは表形式、すなわち縦と横のマトリクスでデータを管理します。しかしデータの中には、一つひとつのデータごとに管理したい項目が異なる場合があります。

　例えば工場で製品の原材料を管理する場合、在庫量や調達先などはどの原材料にも共通する管理項目ですが、原材料が金属部品ならばその金属の種類や強度の情報、液体ならば濃度や劇物指定の有無、半製品であればその構成部品などの管理も必要です。これらを表形式で統一的に管理しよう

とすると、項目の数が膨大になり、扱いにくい表になってしまいます。すべての項目が埋まる原材料はないので、空欄の多いまだらな表になってしまい、管理効率の面でも望ましくありません。また新しい原材料が加わって新たな管理項目が必要になった場合、表全体に新たに項目を追加しなくてはなりませんが、それはコンピュータに大きな負荷がかかります。

　こうした表になりにくい非定型のデータの管理に適しているのが、「**キーバリュー型データベース**」と呼ばれているものです。キーバリュー型データベースでは、個々のデータごとに管理項目（キー）と値（バリュー）を設定し、

　ねじ＝［素材：ステンレス，強度：A2-50］

　硫酸＝［濃度：20%，劇物指定：対象］

のような形で管理します。不要な項目は管理しないためシンプルで、項目を自由に設定できるので新たな項目の追加も容易です。

　半面、定型的ではないためデータの一貫性が崩れやすく、複雑な検索などデータベース全体にわたる処理が必要なシーンには向きません。しかし自由度が大きいというメリットは確かにあり、特に音声や画像などの管理用途では、キーバリュー型データベースは注目されています。

データの実態を示す3つの指標

◆平均値で分かることには限りがある

　データをデータベースとして蓄積することで、必要なデータを随時取り出して加工して分析することが容易になります。データの傾向を表す代表的な指標の一つは「**平均値**」ですが、実は平均値だけでは傾向は正確に捉えることができません。

　2023年の終わり頃のことですが、ネットの世界で「花巻東高校2013年卒業生の平均年収は4,000万円超」という表現が話題になりました。にわかに信じがたい数字ですが、何のことはありません。2013年卒業生の一人であるプロ野球の大谷翔平選手が、ドジャースと大型契約を結んだため、平均値が極端に大きく引っ張り上げられてしまったのです。そのことを考えず

に平均値だけ見て「花巻東2013年卒の代はスゴい！」と感心してしまっては、事実を見誤ってしまいます。

　全部を合計してならす平均は、全体のレベルを知るのに有効な数字であることは間違いありません。しかしそれは数学的には正しくても、感覚的には何となく違和感が残る場合があります。データの実態を正しく知るためには、平均値以外の指標もチェックしなくてはならないのです。

◆ 真ん中を表す「中央値」

　平均値以外に実態を知る上で効果的な指標の一つが「中央値」です。その名の通り中央に位置する値であり、そこを境に上下に同じ件数のデータが並んでいることを示します。

　中央値はデータを一定基準で並べ替えた時、ちょうど真ん中に来る値です。例えば図4.17のような9件のデータの場合、数字が小さい順に並べ替えると真ん中に来る値は5番目の「39」になります。これが中央値です。

図4.17：データの並びのちょうど真ん中にある値が「中央値」

中央値

12　15　28　37　**39**　49　65　73　87

左右が同じ件数

　中央値は平均値よりも実感に近いと言われています。先ほどの花巻東高校2013年卒業生の年収の例では、大谷翔平選手の年収に引っ張られて平均値が高くなりました。しかし件数で真ん中を意味する中央値であれば、大谷翔平選手も他の卒業生同様1件のデータとして扱われるため、妥当な金額が出てくるでしょう。

◆ 件数が最多の「最頻値」

　実感に近い指標にはもう一つ「最頻値」があります。「最も件数の多い

値」を意味するもので、「10以上20未満」のように一定の範囲（階級）ごとに件数を集計するシーンで主に使われます。例えば図4.18のグラフ（「ヒストグラム」と呼ばれます）のように年代別の来客数を集計したデータでは、一番件数の多い階級である「60歳代」に最頻値があることになります（具体的な最頻値はその階級を代表する値である65歳）。このような形のグラフの場合、平均値や中央値はおそらく50歳代にあると思われますが、実際に来客対応にあたった人は60歳代の人が多かった印象を受けているはずです。最頻値にはその印象通りの結果が出てきます。

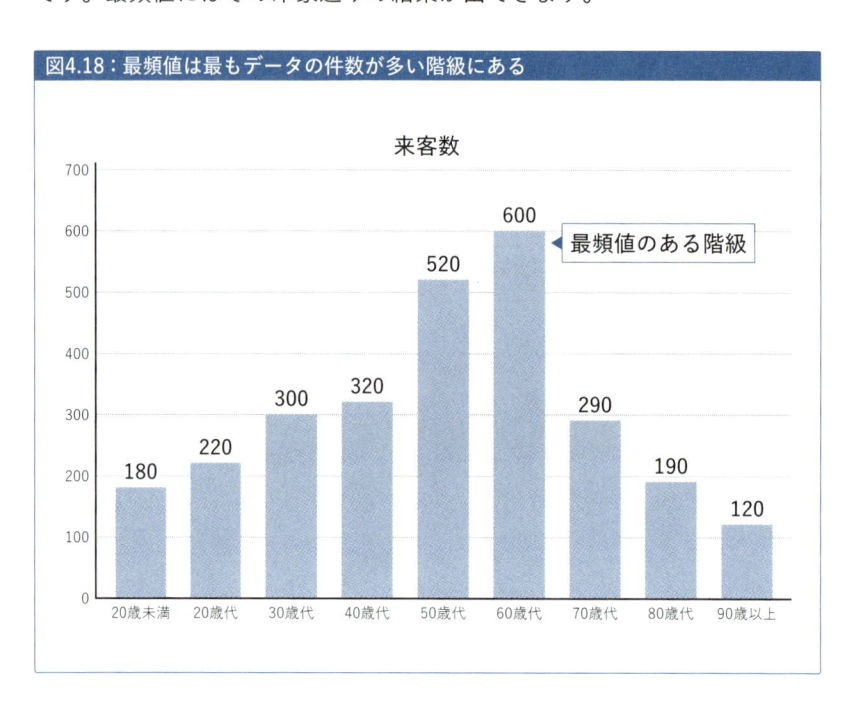

図4.18：最頻値は最もデータの件数が多い階級にある

平均値が人の実感を表さないわけではありません。平均値が中央値や最頻値と一致することもあり、その時の平均値も実感を反映したものになります。3つの指標が一致すると、データの分布の形状は平均値を境にほぼ左右対称になります。そのような分布の仕方は「正規分布」と呼ばれます。人の身長のように人為的な要素がなく、個々のデータが均等な確率のもとで出てくるようなシーンでよく現れます。

データの広がり方をとらえる

◆データの件数を四分割した「箱ひげ図」

データは中央値や平均値を境に左右に広がっていますが、その広がり方を定量的にとらえることも、データの正しい実態を知るうえで効果的です。

中央値からの広がり方を図式化する手法の一つが、冒頭の入試問題にも出てきた「箱ひげ図」です。中央値は小さい順などで並んだデータを1/2ずつに分ける値ですが、その1/2をさらに1/2ずつに分けて全体を四等分します。そのときの境界値を、最小値と最大値とともにグラフ化したものが箱ひげ図です（図4.19）。

中央値を含めた3つの境界値は「四分位数」と呼ばれ、小さい方の四分位数は下から1/4にあたるので「第1四分位数」、大きい方は下から3/4にあたるので「第3四分位数」と呼びます（第2四分位数は中央値と同じ）。ちなみに「×」で示されているのは平均値です。

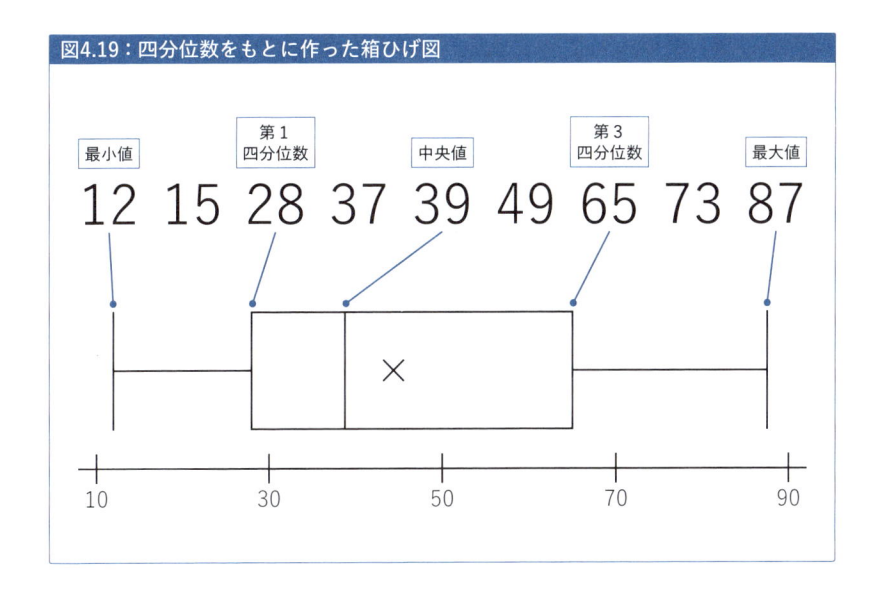

図4.19：四分位数をもとに作った箱ひげ図

箱ひげ図からは最小値、第1四分位数、中央値、第3四分位数、最大値が、どのくらいの間隔で並んでいるかが読み取れます。それぞれの間隔が均等であれば、データの分布には偏りがなく、正規分布に近い形をしてい

ると言えます。しかし間隔に狭いところや広いところがあったりした場合はそうとは言えません。狭いところにはデータが集中していることになるので、似たようなデータが多いことを意味し、広いところはデータがまばらで、全体の傾向から外れたデータがあることが分かります。

箱ひげ図では、特に大きくかけ離れた異質なデータについては、「外れ値」として表示することがあります。外れ値は箱ひげ図の上では最小値や最大値の外側に示されます。冒頭の入試問題の図でも、最小値より小さい方や最大値より大きい方に外れ値があるのが見て取れます。つまり箱ひげ図上の最小値や最大値は、外れ値を除いた中での最小・最大というわけであり、外れ値がある場合は真の最大値や最小値ではないことになります。

外れ値を最大値や最小値として扱わないのは、それが全体の傾向をとらえるうえで阻害要因となりえるからです。花巻東高校2013年卒業生の年収の例で言うと、大谷翔平選手の年収は全体の傾向を見誤らせかねない外れ値です。外れ値として除外すれば、実態を正しく認識できるようになるでしょう。

どのくらいかけ離れていれば外れ値と見なすかの定義にはいくつかあります。また外れ値っぽいデータでも敢えて外れ値として扱わず、最小値や最大値として扱うケースもあります。そのデータがどのような背景のもとで生まれたのかを考えることが、外れ値の適切な処置法です。

◆「偏差値」はこうして算出する

一方、平均値からの広がり方を示す手法には「標準偏差」があります。標準偏差は、個々のデータが平均値からどれだけ離れているかを計算し、その平均を取ったものです。具体的には個々のデータから平均値を引いて二乗し、それらを合計してデータの件数で割り（その数字は「分散」と呼ばれます）、その正の平方根を取ってはじき出します。わざわざ二乗して平方根を取るのは、平均値との差は平均値より大きいデータは正、小さいデータは負になり、そのまま合計すると打ち消し合ってしまうからです。平均値からの距離はすなわち平均値からの絶対値なので、正負が関係なくなるように二乗してから、最後に平方根で元に戻しています。

標準偏差が大きければ大きいほど、平均値から離れたデータが多いことになります。逆に標準偏差が小さいと、平均値の周辺にデータが集まっていることを意味し、平均値から大きく離れたデータは希有なデータということになります。

　それを応用しているのが、受験の世界で有名な「偏差値」です。偏差値は次の計算式で算出されます。

（対象のデータ　－　平均値）÷　標準偏差　×10＋50

　対象のデータ（試験の得点など）が大きいほど偏差値が高くなるのは当然ですが、同時に標準偏差が小さいほど偏差値が高くなることも、この式から分かります。同じ得点と平均値であっても、標準偏差が小さいほど高い得点は周囲に比べてずば抜けていることになるので、高い偏差値が出てくるのです。

文字情報も分析できる

　ここまで見てきたデータは、いずれも計算が可能な量的データです。数字で表される量的データは計算ができるため、中央値や四分位数などデータの実態を表す情報を導き出すことが可能です。

　では数字ではなく文字情報で表される質的データは分析できないのかというと、そうではありません。現在は文字情報を分析するさまざまなツールが利用できるようになっています。文字情報を分析する技術は「テキストマイニング」と呼ばれ、その代表的なものに「ワードクラウド」があります。

　ワードクラウドは文章の中に含まれる単語を抽出し、その登場頻度や重要度を分析して色や大きさで強調表示するサービスです。その文章にどのような意図が込められているのか、重要なポイントは何かなどを分析して提示してくれます。

　次ページの図4.20は、株式会社ユーザーローカルが提供しているワードクラウド「ユーザーローカルAIテキストマイニングツール」を使って、日本国憲法の前文を分析した結果です。中央に「われら」という言葉が強調

図4.20：日本国憲法の前文を分析した結果

もたらす　占める　反する　厳粛
努める　決意　わが国　生存
法則　国民　従　名誉　崇高　有する　いづ
原理　福利　ふく　代表者　あげる
専制　深い　恵沢　憲法　にる
思ふ　われら　ゐる　維持
隷従　ひとしい　基く存する　信ずる　関係
平和　自国　他国　立つ
かれる　詔勅　主権　惨禍　起る　普遍　愛する
偏狭　理想　協和　信義　って
かける　たつ　日本国民　国家

ユーザーローカルAIテキストマイニングによる分析（https://textmining.userlocal.jp/）

されており、そこから国民主権をうたった憲法であることが想像できます。

　テキストマイニングの技術は他に「共起ネットワーク」などがあります。文章中の単語の出現パターンを分類し、相互の関係性を可視化するツールです。これらテキストマイニングは単純に文章を与えるだけで実行できるため、例えば顧客から集めたアンケートの自由回答欄に書かれた内容から、顧客のニーズやサービスの改善点などを浮き彫りにすることができます。

　テキストマイニングは文章を単語単位で区切ることから始まります。英語と違って日本語は単語の区切りが分かりにくく、語尾の変化も複雑なことから、実用的なテキストマイニングはなかなか登場しませんでした。しかしAIによる文章解析が高度化したことでその問題は大きく解消しました。文章解析の高度化は、テキストマイニングが必要とする文章の読み込みだけでなく、文章の出力に関連したサービスの開発にも寄与しており、その代表的なものが「ChatGPT」のような生成AIなのです。

データから未来を予測する
データ活用（2）

入試問題をCheck!

次の文章を読み，空欄 ア ～ ウ に当てはまる数値を答えよ。

鈴木さんはある年のサッカーのワールドカップでの各チームの戦い方を，データに基づいて分析した。すると，ショートパスを多く駆使しているほど多くの得点をあげていること気づいた。鈴木さんはさらに詳しく調べるために，1試合当たりの得点をショートパス本数で予測する回帰直線を，ワールドカップの決勝進出チームと予選敗退チームに分けて図1のように作成した。

図1　決勝進出チーム（左）と予選敗退チーム（右）の1試合当たりの得点とショートパス本数の回帰直線

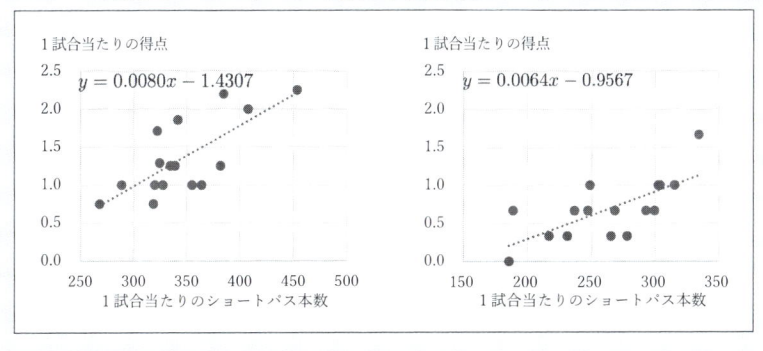

鈴木さんは，この結果からショートパス100本につき，1試合当たりの得点増加数を決勝進出チームと予選敗退チームで比べた場合，ア 点の差があり，ショートパスの数に対する得点の増加量は決勝進出チームの方が大きいと考えた。

　また，1試合当たりのショートパスが320本のとき，回帰直線から予測できる得点の差は，決勝進出チームと予選敗退チームで，小数第3位を四捨五入して計算すると，　イ　点の差があることが分かった。鈴木さんは，グラフからは傾きに大きな差が見られないこの二つの回帰直線について，実際に計算してみると差を見つけられることが実感できた。

　さらに，ある決勝進出チームは，1試合当たりのショートパス本数が384.2本で，1試合当たりの得点が2.20点であったが，実際の1試合当たりの得点と回帰直線による予測値との差は，小数第3位を四捨五入した値で　ウ　点であった。

サンプル問題「情報」第3問 改

　2つの変数についてその関係を数式化する「回帰分析」に関する問題です。この問題では、ショートパスの本数が得点にどう影響したかを分析しています。ショートパス本数を x、得点を y とした時、図1の左の決勝進出チームは $y = 0.0080x - 1.4307$ という式（回帰式）が成り立つとしています。右の予選敗退チームの場合は $y = 0.0064x - 0.9567$ です。

　空欄アは、ショートパスが100本で得点がどれだけ増加するかの差を答えるものです。ショートパスの本数は回帰式の x ですから、x が増えたときに y がいくら増えるかを示すのは x の係数です。その係数は決勝進出チームは0.0080、予選敗退チームは0.0064なので、その差である0.0016がショートパス1本当たりの得点増加数の差です。求められているのは100本の時なので、それを100倍した0.16です。

　空欄イはショートパス320本の時の得点差です。回帰式の x に320を入れて計算すると、決勝進出チームは $0.0080 \times 320 - 1.4307 = 1.1293$、予選敗退チームは $0.0064 \times 320 - 0.9567 = 1.0913$ です。その差は $1.1293 - 1.0913 = 0.038$ で、小数第3位を四捨五入すると0.04になります。

　空欄ウはショートパス384.2本の時の実際の得点と、回帰式に基づいて計算した予測値の差を答えるものです。予測値は $0.0080 \times 384.2 - 1.4307 = 1.6429$ に対し、実際の得点は2.20なので、その差は $2.20 - 1.6429 = 0.5571$。

小数第3位を四捨五入して0.56です。

正答は0.16、0.04、0.56

データの傾向を予測する

◆ コンピュータが効果を発揮する

　4-4節では、集めたデータからその実態を正しく分析するための各種手法を紹介しました。しかし平均値や中央値、四分位数や標準偏差などで知ることができるのは、データの「現在」です。データに基づいた意思決定を行うならば、「現在」よりも知りたいのは「未来」ではないでしょうか。もちろん未来を完全に予測することはできませんが、確度の高い予測ができれば意思決定の手助けになるはずです。

　未来を予測するとなると、分析には高度な計算が必要になります。手計算ではなく、高度な計算機能を持ったコンピュータの活用が求められるわけです。コンピュータを手軽に使えるようになったことで、データを活用した未来の予測は誰でも簡単に行えるようになりました。そこでその基本スキルは社会に出る前に身につけておこうというのが、情報Ⅰの内容に盛り込まれた理由なのです。

◆ 2つのデータの関係を図式化する

　データから未来を予測する第一歩として、2つのデータの関係を図式化した「散布図」と、関係性を数値化した「相関係数」について知っておきましょう。

　散布図は一方のデータを横軸、もう一方のデータを縦軸に取り、実際のデータを点で配置したものです。次ページの図4.21は、2000年から2023年まで年ごとの名目GDP（国内総生産）と日経平均株価の関係を表した散布図です。横軸は名目GDPで単位は兆円、縦軸は日経平均株価です。2000年から2023年まで計24個の点が並んでおり、年ごとの両者の関係を示しています。ちなみに名目GDPは暦年、日経平均株価は年ごとに毎月末の終値を平均したもので、いずれも4-3節で紹介した「統計ダッシュボード」から

ダウンロードしたデータをもとにしました。

図4.21：日本の2000年〜2023年の名目GDPと日経平均株価の関係を示した散布図

この散布図は2023年までの過去のデータを示したものであり、具体的な予測値を示したものではありません。しかし点がおおむね右肩上がりに並んでいるのは明白です。右肩上がりということは、今後名目GDPが上がった場合は日経平均株価も上がる可能性が強いと予測できるわけです。

◆関係の強さを示す「相関係数」

その予測の確度がどれだけ高いか、言い換えれば２つのデータの関係（相関関係）がどれだけ強いかを示すのが「相関係数」です。

相関係数は−１から１までの間の値を取ります。１に近いほど２つのデータが連動して増加する傾向が強く、−１に近いほど増減が逆、つまり一方のデータが増加するともう一方のデータは減少する傾向が強いことを意味します。前者は「正の相関」、後者は「負の相関」と呼びます（図4.22）。

具体的にどれだけ１や−１に近ければ相関関係があると判断できるかには統一的な基準はありませんが、相関係数の絶対値で0.4以上（0.4以上ま

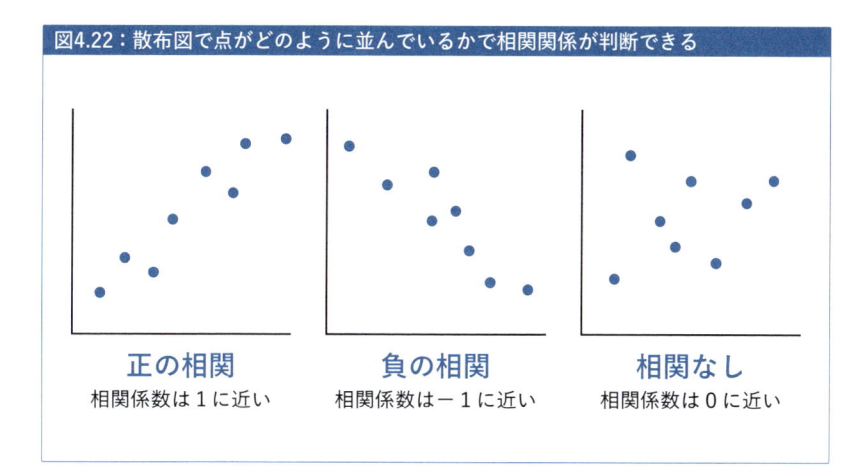

図4.22：散布図で点がどのように並んでいるかで相関関係が判断できる

正の相関	負の相関	相関なし
相関係数は 1 に近い	相関係数は－1 に近い	相関係数は 0 に近い

たは－0.4以下）ならば「相関あり」とされ、中でも0.7以上ならば「強い相関あり」と判断することが多いようです。0.2以上0.4以下ならば「弱い相関あり」とすることもありますが、0.2より小さい、すなわち 0 に近い場合は「相関なし」と見なし、両者の間には相関関係はないと判断するのが一般的です。ちなみに先ほどの名目 GDP と日経平均株価の場合、相関係数は0.874と出てきました。正の相関が十分強いと言えそうです。

　相関係数は4-4節で少し説明した「分散」から導き出すことができますが、電卓を使っても少々面倒です。しかしコンピュータを使えば簡単です。表計算ソフトの Excel では相関係数をはじき出す「CORREL」という関数が用意されています。一方のデータが A1から A10、もう一方のデータが B1から B10に並んでいるならば、「=CORREL(A1:A10,B1:B10)」で相関係数を求められます。

「相関関係」と「因果関係」は違う

◆味噌汁を飲めば病気にならない？

　相関関係が強い、すなわち相関係数が 1 や－1 に近いほど、2 つのデータは連動する傾向が強いことを意味します。ということは両者の間には因果関係、つまり一方の事象がもう一方の事象に影響を与えていると言えそ

うですが、実際にはそうとは限りません。相関関係が強くても因果関係がないというケースは珍しくないのです。

　昔、「味噌汁を毎日飲んでいる人は健康」という情報が曲解されて、「味噌汁を毎日飲めば病気にならない」「味噌汁は病気に効く」などと思い込んだ人たちがいたそうです。元の情報は正しい、つまり「味噌汁」と「健康」には確かに相関関係はあるようなのですが、それは味噌汁を毎日飲んでいる人は和食中心の健康的な食生活をしている人が多いからという理由なのだそうです。

「和食中心の食生活」と「味噌汁を毎日飲む」、「和食中心の食生活」と「健康」にはそれぞれ因果関係はあっても、「味噌汁を毎日飲む」と「健康」の間には因果関係はなく、不摂生をしていてもとりあえず味噌汁を飲めば健康になれるようなことはないわけです。

　他にも実際のデータで言うと、例えば「給油所数」と「交通事故発生件数」のような組み合わせがあります。2002年からの両者のデータを「統計ダッシュボード」からダウンロードして相関係数を計算してみると、0.980というかなり高い値が出てきました。強い相関があると言える数値です。だからと言って、「ガソリンスタンドが増えたせいで交通事故が増えた」とか「交通事故を減らすためには、ガソリンスタンドをつぶせばよい」などと言えるでしょうか。あまりに突拍子もない分析にしか思えません。

◆相関関係と因果関係は分けて考える

　相関関係と因果関係は分けて考える必要があります。相関係数から因果関係の仮説を立てることは可能ですが、それはあくまでも仮説に過ぎません。因果関係を検証するなら、他の方法も組み合わせて立証していくことが求められます。

　具体的な方法には、2つのデータに共通して因果関係を持つ要素がないかを調べることなどがあります。その要素は「交絡因子」と呼ばれ、「味噌汁」と「健康」の関係ならば「和食中心の食生活」がそれに相当します。「給油所数」と「交通事故発生件数」のケースでは、おそらく「自動車の数」が交絡因子になっているのでしょう。交絡因子が存在すると、両者の

因果関係は疑わしくなります。

未来を計算で予測する「回帰分析」

◆ 2つのデータの傾向を数式化

　相関係数で予測できるのは未来の「方向」までです。具体的にどのような結果が出てくるかを予測するならば「回帰分析」が有効です。冒頭の入試問題にあったように、相関関係を持つ2つのデータの傾向を数式化し、一方のデータからもう一方のデータを予測できるようにする手法です。

　図4.23は、先ほどの名目GDPと日経平均株価の散布図に回帰分析によって求めた直線を書き加えたものです。右上にある「$y = 248.94x - 116327$」という式がこの直線を表す式、すなわちx軸の名目GDPとy軸の日経平均株価の関係を数式化したものです。両者の関係は、この数式で表せるというわけです。回帰分析によって導かれた数式を「回帰式」と呼び、xの一次式で表した直線は「回帰直線」と呼ばれます。

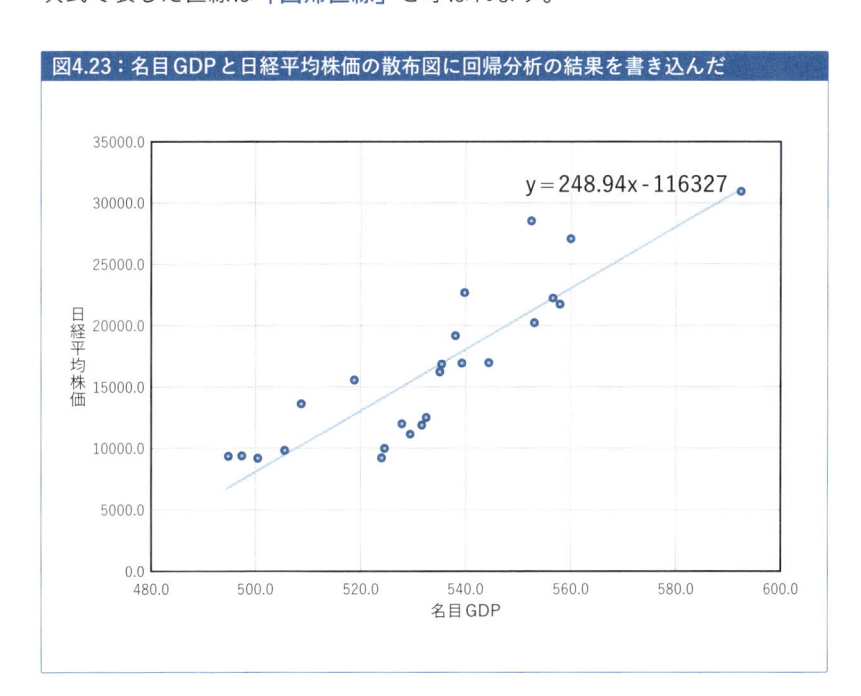

図4.23：名目GDPと日経平均株価の散布図に回帰分析の結果を書き込んだ

$$y = 248.94x - 116327$$

　回帰分析の最大の効果は、未知の値についても予測ができるようになるという点です。図4.23で言えば、名目GDPが700兆円まで拡大したと仮定した場合、回帰式の x に700を代入することで、248.94×700－116327＝57,931円になると予測できます。あくまでも予測値に過ぎませんが、実データをもとに分析した結果なので、予測に説得力を持たせることが可能なのです。

◆コンピュータを使えば回帰分析はカンタン

　回帰式は、散布図上にある実際のデータと、回帰式に基づいて計算した予測値との差が最も小さくなるような線を計算し、数式化したものです。実際のデータと予測値との差は「残差」と呼ばれます。残差を一つひとつのデータについて計算し、その合計が最も小さくなる数式を探していく作業は、かなり複雑で困難な計算のように思われますが、コンピュータを使えば簡単です。Excelでは散布図を書いた後、散布図上のいずれかの点を右クリックし、「近似曲線の追加」を選びます。すると回帰直線を引くための設定画面が右側に出てきます。この下に「グラフに数式を表示する」という設定項目があるので、それをクリックすると散布図上に回帰式が現れ

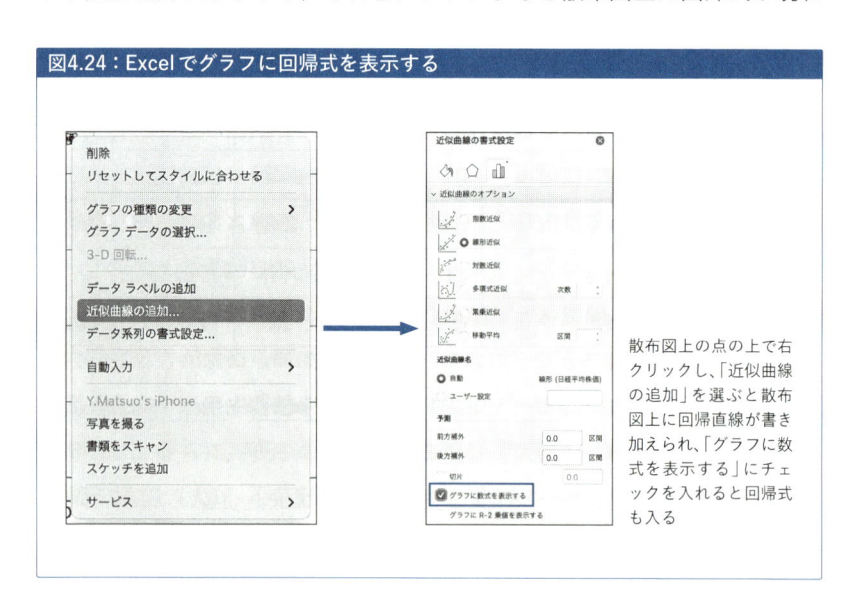

図4.24：Excelでグラフに回帰式を表示する

散布図上の点の上で右クリックし、「近似曲線の追加」を選ぶと散布図上に回帰直線が書き加えられ、「グラフに数式を表示する」にチェックを入れると回帰式も入る

ます。

　残差の合計が小さくなればなるほど、散布図上の点は回帰直線に近いことになるので、求めた回帰式の信頼度は上がります。その信頼度を具体的な数値で示すものが「決定係数」（R^2）です。

　回帰直線の決定係数は、相関係数の2乗と等しくなります。相関係数は－1から1までの間であり、－1や1に近いほど相関関係が強いというものでした。つまりそれを2乗した決定係数は0から1までの間の値を取り、1に近いほどその回帰式の信頼度は高いことを意味します。前述のように相関係数が0.7以上または－0.7以下ならば「強い相関あり」と見なされるので、回帰直線の場合その2乗である約0.5以上というのが信頼度の基準になるようです。

　この決定係数も、図4.24の設定画面にある「グラフにR-2乗値を表示する」をクリックすると散布図上に出てきます。名目GDPと日経平均株価の場合で計算すると決定係数は0.7638と出ました。確かに前段で求めた相関係数0.874の2乗です。

◆より発展させた回帰分析

　回帰式は一次式とは限りません。xを二次以上にして「$y = ax^2 + bx + c$」のような式（多項式）にしたり、xを指数にした式にすることも可能です。図4.24の設定画面で容易に切り換えることができ、切り換えながら決定係数がより高くなる式を探すことができます。ちなみに名目GDPと日経平均株価の場合は、三次の多項式にすると決定係数が0.8247まで上がりました。信頼度がさらに上がったというわけです。

　さらに、要因であるxを複数用意して「$y = ax_1 + bx_2 + cx_3 + d$」のように、その組み合わせで回帰式を作る「重回帰分析」という手法もあります。新たなxを加えたり外したりしながら決定係数を比較し、どの組み合わせが最適か、何がyに大きな影響を与えているかを見極めることができます。これもExcelなどを使えば容易に行えます。

　余談ですが4-3節でちょっと書いたように、私は大学時代に統計学のゼミでデータ分析に取り組みました。周りの友達が大学にあるコンピュータを

使っててきぱきと分析を進めていく中、私は「使い方を覚えるのが面倒だから」と、コンピュータ利用を拒んで電卓で計算していました。

しかし電卓で重回帰分析をするというのは、今になって考えると無謀なことです。下宿のアパートで夜中まで電卓を叩いて計算する日々が続き、そのうちに卒論が遅れ始めます。僕はついに降参し、同じゼミの友達に晩御飯をおごることと引き換えにコンピュータの使い方を教えてもらったら、あれだけ毎晩苦闘していた計算が一発で終わるのです。「コンピュータってスゴい！」と感動したことが、コンピュータに関わる仕事をするようになったきっかけです。その意味で回帰分析には思い入れがあり、データを集めるところを含めて自宅のPCでも簡単にできてしまう今はいい時代になったものだなあとしみじみ思います。

3つ以上のデータの相互関係をまとめた「相関行列」

これまで見てきた分析は、ある結果に対してどういう要素が原因となっているかを調べるためのものでした。しかし現実には、原因となる要素同士の間にも相関関係があったりします。そういう多種のデータに対して相互の相関関係をまとめたものに、「相関行列」があります。データの項目名を縦横に置いてマトリクス状にし、それぞれの組み合わせについて計算した相関係数を配置したものです。

相関行列の具体的な例として、大学入学共通テストの試作問題で出題された相関行列を紹介しましょう。図4.25は、月別のエアコンとアイスクリームの売上数、月別の平均気温や平均湿度の計4つのデータで作った相関行列です。4つのデータの項目名は縦横に並んでおり、左下半分の6つの数値が、それぞれ縦横の項目の組み合わせの相関係数です。例えば一番左下の0.066は「エアコンの売上台数」と「平均湿度」の相関係数になります。この図からは、特に「アイスの売上個数」と「平均気温」の組み合わせで、相関係数が0.907と非常に高いことが分かります。

この相関行列では相互の相関係数だけでなく、散布図やヒストグラムも組み合わせています。右上半分はそれぞれの組み合わせの散布図です。先

図4.25：4つのデータによる相関行列

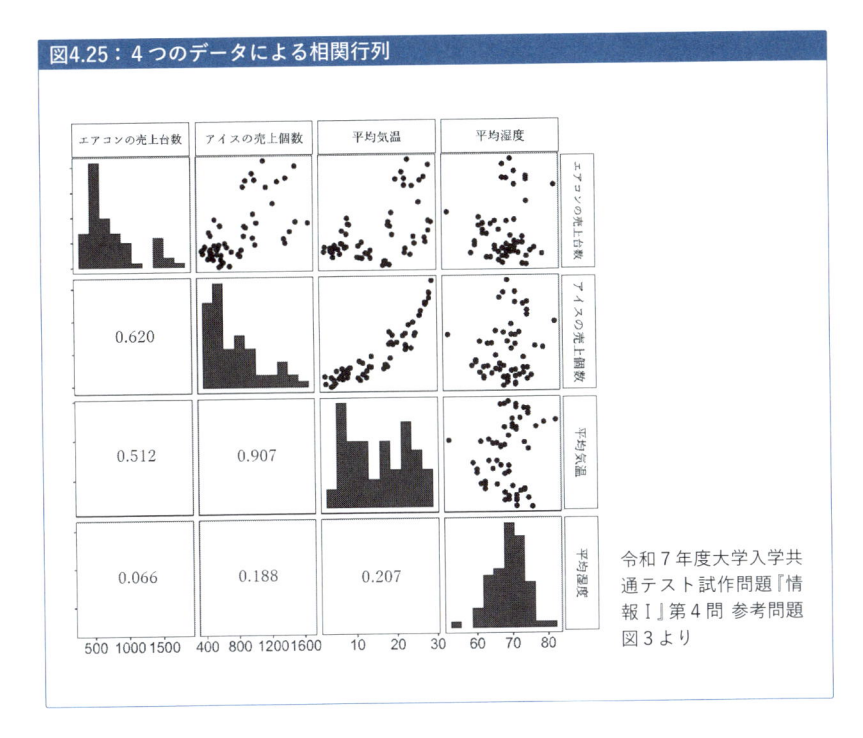

令和7年度大学入学共通テスト試作問題『情報I』第4問 参考問題 図3より

ほど0.907という高い相関係数を示した「アイスの売上個数」と「平均気温」の組み合わせは、点が右肩上がりにきれいに並んでおり、確かに強い相関がありそうなことが分かります。

　縦横とも同じ項目名が交差するところはそのデータのヒストグラムです。4-4節の「最頻値」のところで登場したもので、それぞれのデータを一定の範囲（階級）ごとに区切り、それぞれの件数を示したものです。例えば右下の「平均湿度」のヒストグラムを見ると、「70」%のところが多く、そこに最頻値があるのが分かります。

　複数のデータ分析手法を組み合わせて、データから真実を引き出すスキルを身につけさせようとしているのが、高校の「情報I」です。従来は大学に入って科目選択しなくては学ぶ機会がなかった領域まで、今の高校生はみんな学んできているのです。その事実を踏まえた上で自分たちも学んでおかないと、ビジネスの世界で彼らを招き入れることはできません。

数学と情報で共通する「データ活用」、その違いは？

　4-4節や4-5節で登場する各種のデータ活用の手法は、高校では「数学」でも学びます。中央値や四分位数、相関係数などは数学の範囲にも含まれており、入試問題でも出題されます。そこでこれらの内容については数学と情報での連携が求められており、実際に代ゼミでもこの単元については、数学と情報の講師がコラボした授業を行っています。

　ただ内容は共通でも、主眼がそれぞれ異なります。数学はデータを「計算する」ことに重きが置かれ、実際に相関係数を計算させたりします。それに対し情報は、データを計算した結果を「読む」ことがメインで、計算は基本的に行いません。情報では計算はコンピュータに任せることが前提だからです。そのため例えば4-5節の回帰分析は、手計算では手に負えないので数学ではほとんど扱わない一方で、情報では共通テストの試作問題にも登場する重要なテーマになっています。

　もっとも、コンピュータが使えるからと言って、計算をすべてコンピュータに任せていいものとは思いません。面倒でも計算を一度やってみることは、そのデータの処理過程と出てきた結果の意義を深く理解するうえで有効です。4-4節や4-5節のような内容を本質的に理解してみたい方は、高校数学の内容もぜひ参照してみてください。

おわりに

「情報を、センター試験の科目にすべき」

そういう主張を高校の情報科教員の学会で初めて聞いたのは、今から15年ほど前のことです。当時のその主張には、学会会員の僕でさえ違和感がありました。その頃の「情報」は、入試で理解度を測って志願者を選抜するような内容とは到底思えなかったのです。

しかしそれから2度の学習指導要領の改訂を経て始まった「情報Ⅰ」は、これから社会に出て行く高校生が真に身につけておくべき内容になりました。これまで見てきたように情報Ⅰには、客観的なデータに基づいて説得力のある事実を明らかにし、周囲を納得させて巻き込んでいくためのアプローチが盛り込まれています。皆様の組織が求めているのは、単なる傍観者や口だけの評論家ではなく、こうしたスキルをもとに自ら先頭に立って問題を解決できる「リーダーシップ」を持った人材なのではないでしょうか。高校生だけでなく既に社会でご活躍中の方にとっても、そのスキルを学び直せるのが情報Ⅰですが、今でも「コンピュータの使い方を教える教科」と誤解されているのが実情です。

その誤解を解き、ビジネスにも通じる意義を正しく伝えたい。そう以前から思っていたところに、技術評論社から出版の打診があり、ありがたく引き受けさせていただきました。その結果できたのが本書です。ビジネスの世界で活躍するのに必要な情報の知識をどれだけ理解しているか、本書がそのチェックリストのようになれば幸いです。

最後に、内容面で支援してくれた高校・大学の先生方や代々木ゼミナールの関係者、本書を刊行にまで導いていただいた技術評論社の一丸友美さん、プライベートでは執筆期間中に父の介護問題に直面したものの自分の負担を抑えてくれた母と妹、ほかさまざまな皆さんのお力添えと、本書を手に取ってここまで読んでくださった読者の皆様に感謝し、本書を締めくくりたいと思います。ありがとうございました。

2024年9月　松尾康徳

索引

松尾康徳（まつお やすのり）

1967年福岡県北九州市生まれ。福岡県立東筑高校、早稲田大学政治経済学部経済学科卒。日経BPでIT専門媒体の編集、某社で営業支援システム企画などを担当した後に独立。2012年から麻生情報ビジネス専門学校非常勤講師として、ITの国家資格試験対策や各種実習授業を担当。2022年から大学受験予備校「代々木ゼミナール」の情報科立ち上げに参画し、講師として「情報Ⅰ」の授業・テキスト執筆・模試問題作成・高校への出張授業などを担当するほか、検定教科書の編集や大学の情報科教職課程の企画業務などにも携わっている。

- カバーデザイン：西垂水敦・岸恵里香（krran）
- 本文デザイン・DTP：斎藤充（クロロス）
- 編集：一丸友美

● お問い合わせについて

本書に関するご質問については、本書に記載されている内容に関するもののみ受付をいたします。本書の内容と関係のないご質問につきましては一切お答えできませんので、あらかじめご承知おきください。

また、電話でのご質問は受け付けておりませんので、ファックスあるいは封書などの書面か下記のWebサイトまでお送りください。

お送りいただいたご質問には、できる限り迅速にお答えできるよう努力いたしておりますが、場合によってはお答えするまでに時間がかかることがあります。また、回答の期日をご指定なさっても、ご希望にお応えできるとは限りません。あらかじめご了承くださいますよう、お願いいたします。

● 問い合わせ先

〒162-0846　東京都新宿区市谷左内町21-13
株式会社技術評論社　書籍編集部
『教養としての「情報Ⅰ」 大学入試導入で変わるITリテラシーの基準』質問係
FAX：03-3513-6183
Web：https://gihyo.jp/book/2024/978-4-297-14399-2

教養としての「情報Ⅰ」
大学入試導入で変わるITリテラシーの基準

2024年10月11日　初版　第1刷発行

著者	松尾康徳
発行者	片岡巖
発行所	株式会社技術評論社
	東京都新宿区市谷左内町21-13
	電話　03-3513-6150　販売促進部
	03-3513-6166　書籍編集部
印刷・製本	昭和情報プロセス株式会社

ISBN 978-4-297-14399-2 C1004
Printed in Japan
©2024 株式会社スクラップアンドビルド